ALLES IN HET DUBBEL

alles in het dubbel

verdrinken in het moederschap

Sophie Dewaele

ROULARTA BOOKS

C.I.P. Koninklijke Bibliotheek Albert I
Alles in het dubbel
Sophie Dewaele
ISBN 90 5466 537 8
NUR 850

Tel.: 051 266 559
Fax: 051 266 680
roulartabooks@roularta.be
www.roulartabooks.be

Eindredactie: Sofie Messeman
Zetwerk en lay-out: Griffo, Gent
Foto cover: Lieve Blancquaert
Ontwerp cover: Griffo, Gent
Druk: Imschoot, Gent

Wettelijk depot: D/2005/5166/12

Inhoud

Voorwoord

Voort-planting. Wat een woord. Alsof je een zaadje moet planten, wat water geven en hupsakee.

Voor de technische kant van de zaak bestaan al heel wat hulpmiddeltjes.

Voor de psychische kant ervan bestaan vooral al veel boeken.

Boeken die je zullen vertellen hoe alles eruit zal zien door die moederogen van je.

Hoe de eerste maand verloopt, de tweede, de twaalfde. Hoe je je zal voelen met hormonen die met je doen wat ze willen. Al bij al ziet het er roze uit, zowel je gevoelsleven als de lay-out van zo'n boek.

En dan heb je nog 'wat ze zeggen'. De one liners.

'Moeder ben je niet, moeder word je.' Klopt, alleen denk je dat het na twee weken wel in je lijf en leden zal zitten.

'Bevallen is het best bewaarde geheim.' Noem het een herinnering die je snel leert te verdraaien in je hoofd. Want bevallen is doodgaan als vrije vrouw en geboren worden als archetype. Maar je leert de stiel wel.

En na een jaar (of twee) voelt alles al helemaal anders aan. Het afzien, het twijfelen, de postnatale depressie. Je ziet steeds meer romantiek in die periode. En de kinderen zijn fantastisch op die leeftijd. De kracht van je geheugen doet je de dingen verwerken en alles in een ander daglicht zetten.

Vandaar al die roze wolken.

Daar is Sophie ook op uitgekomen. Toen ze me het idee voor haar boek vertelde, wou ze het hebben over haar ervaringen van de eerste twee jaren als moeder van een tweeling, maar het is pas toen ze haar ziekenhuisdossiers en rekeningen begon in te kijken dat ze de impact en de draagkracht van die tijd als een hamer terug in haar gezicht kreeg. 'Ik was dit al lang vergeten. En dit. Jongens toch.'

Erin zitten en er kunnen uitstappen. Dat is wat je op moeilijke momenten zou moeten kunnen. Relativeren, heet dat dan. Maar je kan dat voor 'het zicht', voor je omgeving. Voor jezelf kan je het niet. Achteraf, dan wel, als je 'er was eens...' kan zeggen.

Alles in het dubbel is een 'er was eens'-verhaal. Maar Sophie verbergt niets.

Er zijn geen wolkjes te tellen. Ze durft te zeggen dat ze door het bos de bomen niet meer kon zien. Dat ze het emotioneel niet meer aankon.

Maar ze zag dan ook alles in het dubbel.

Ik heb haar nooit benijd om het hebben van een tweeling, al zijn Fran en Simon lieve, fantastische kinderen en vind ik het ongelooflijk dat er tegelijkertijd twee zo verschillende baby's kunnen groeien in de buik van één vrouw. Maar voor de eerste keer moeder worden is al zo'n ingreep in je leven, als je dan ook nog eens alles, maar dan ook alles twee keer moet doen, tot in het oneindige! Daar buig ik nederig voor.

IANKA FLEERACKERS, een vriendin

VOOR ERIK

Dankwoord

Zoveel mensen te bedanken! In de eerste plaats mijn ouders. Ma en pa, bedankt voor alle hulp. De afgelopen jaren kreeg ik ook ontzettend veel steun van Anske, Ianka, Myriam, Ilse, An, Dani, Jacques, Tom, Marie-Jeanne, Peter, Lies, Steven, Winnie, Frank, Bart en Kirsten. Voor hen en nog veel andere vrienden: een dikke merci!

Ik bedank de verschillende afdelingen van het UZA die mij en Fran & Simon doorheen de moeilijke periodes hebben geholpen. In het bijzonder dr. Luc Beaucourt, dr. Marek Wojciechowski en het personeel van de afdeling pediatrie, dr. Inge Beckstedde, dr. Erik Secuianu, Martine Marckx en Wendy.

Veel knuffels van Fran & Simon voor Oma, Opa, Xavier, Eveline, Olivier en Isabelle. Dikke zoenen voor de "Zonnetjes" en de "Sprankels" en alle andere vriendjes en goede feeën van het kinderdagverblijf.

Erik, jij bent de constante in dit verhaal. In ons verhaal.

Fran en Simon, jullie zijn een onuitputtelijke bron van inspiratie.
Veel liefs, mama.

1

De zwangerschap

HELP, HET IS EEN TWEELING

Net zoals ik als tiener lang heb volgehouden dat ik nooit zou trouwen, heb ik ook lang getwijfeld of ik kinderen wou. De potentiële vader had ik in huis, maar er waren ook contra's. Was ik bereid een stuk van mijn vrijheid op te geven? Is deze wereld wel nog een goede plek om kinderen te laten opgroeien? Zijn er al niet genoeg mensen op deze aardbol? Het zijn argumenten die je in overweging kunt nemen, indien je er een rationele keuze van maakt. Maar is kiezen voor kinderen niet veeleer een emotionele beslissing? Ik koos uiteindelijk voor kinderen.

Noem het mijn biologische wekker die afliep. De bewuste 'klik'. Ik wou een kind. Dat ik er op termijn twee wou, wist ik toen ook al. Het was mijn ideaal. Twee kinderen.

Vanaf dan leek het alsof ik op straat enkel vrouwen met baby's tegenkwam. Overal zag ik kinderwagens. Elke auto die voorbijkwam had een baby aan boord. Ik wou zwanger worden, zoveel was duidelijk. Toen dat eindelijk lukte, was ik in de zevende hemel. Als ik de romantische verhalen van veel moeders mocht geloven, ging ik een heerlijke tijd tegemoet. 'Zwanger zijn is de leukste tijd van je leven,' zeiden sommigen. Een enkele vrouw die al vijf kinderen had, vertelde me dat ze nog wel eens zwanger zou willen zijn, al was het maar om de kick van het bevallen nog eens mee te maken! Ook mijn moeder, die toch vier kinderen had grootgebracht, vertelde me dat het voor haar telkens weer negen maanden waren van opperste geluk.

Misselijkheid stond in mijn droomscenario dus niet ingeschreven. Maar net dat was ik – misselijk! – van de 6de tot de 15de week, van 's morgens tot 's avonds. Toen de misselijkheid voor het eerst de kop op stak, was ik nog niet naar de gynaecoloog geweest. Toen ik dat een week later wel deed, kreeg ik niet alleen de bevestiging van mijn zwangerschap. 'Hola,' zei de gynaecoloog toen ze naar de echo keek, 'niet verwonderlijk dat je zo misselijk bent'. 'Ja,' beaamde mijn man, waarop hij me bedenkelijk aankeek. Ik verwachtte meteen het ergste. Hier was duidelijk iets mis. Kon iemand me vertellen wat er aan de hand was? 'Geen reden tot paniek,' zei de gynaecoloog. Ik hoefde enkel maar naar de echo te kijken... waarop ik twee kloppende hartjes zag. Geen reden tot paniek?! Twee hartjes? Twee baby's? Een tweeling, ik? Dat kon toch niet waar zijn!

Terwijl ik na de eerste positieve zwangerschapstest van bij de drogist dronken was van geluk, was ik nu ineens bloednuchter. De twee streepjes op de zwangerschapsstick hadden plots een extra dimensie gekregen. 'Eenvoudig, betrouwbaar en duidelijk,' zo stond te lezen op de verpakking van die eerste test. Duidelijk was het nu alleszins: ik was zwanger van een tweeling. Dat verklaarde ook mijn extreme misselijkheid. Wie zwanger is van een tweeling, zou een hogere hormoonspiegel in het bloed hebben. Meer zwangerschapshormoon. Een interessante wetenschap, waar ik toen weinig boodschap aan had.

'Wat vind je ervan?', vroeg Erik op weg naar huis. Hij was opgetogen. Ik was te misselijk om een antwoord te geven op zijn vraag. Ik wist trouwens niet wat ik ervan moest denken. Ik wou vooral naar huis, de zetel in en als het even kon proberen wat te slapen.

Helaas nam slaap de misselijkheid niet weg. Als ik de komende weken op een zo comfortabel mogelijke manier wou door komen, dan moest ik op zoek naar middeltjes tegen misselijkheid. Medicatie haalde niet veel uit, dus raadpleegde ik allerlei zwangerschapsboeken op zoek naar een remedie. Die waren het alvast over één middel eens: gember. En dus verwerkte Erik gember in alles wat ik enigszins naar binnenkreeg en ook al ben ik niet zo wild van thee: toen heb ik gemberthee met liters gedronken! Of het hielp, weet ik niet. Het werd hoe dan ook niet erger. Een beschuitje tussendoor kon het zeurende gevoel in mijn maag ook al eens stillen. Of een droge koek. Ondanks of juist door de misselijkheid gebeurde het dat ik soms een onweerstaanbare trek had in vet. Dan moest en zou ik een kaaskroket eten! Erik naar de frituur en ik blij... voor eventjes, want daarna sloeg het misselijke monster altijd weer onverbiddelijk toe.

Ik heb het de huisarts in die periode ook niet makkelijk gemaakt. Het gebeurde dat ik 's avonds uit pure ellende naar hem toe ging. Tegen beter weten in. Want wat kon hij doen? Een pilletje voorschrijven? Terwijl ik zwanger was? Verwacht van een radeloze en misselijke aanstaande moeder geen rationaliteit...

Op het werk kon ik ook met moeite verbergen dat ik me, zacht uitgedrukt, niet zo lekker voelde. Meestal kwam ik lijkbleek aan en strompelde ik in slow motion van het omroepbureautje naar de schminkkamer. De kijkers hebben er gelukkig niets van gemerkt. Er is immers niets wat een goed laagje schmink niet kan verbergen. Dat ik tegen tien uur 's avonds uitgeteld met mijn hoofd op mijn bureau lag, was een geheim dat ik enkel met mijn computer deelde. Toen het nieuws van mijn zwangerschap goed en wel bekend raakte, was mijn misselijkheid zo goed als voorbij. Eindelijk!

MADAME PIPI

Restten daarna nog enkele kleinere ongemakken. Zo had ik al vrij snel harde buiken, maar gelukkig ondervond ik daar niet veel hinder van. Veel lastiger was de voortdurende drang om naar het toilet te gaan. Alsof iemand gedurig op mijn blaas zat te drukken. Tijdens een uitstapje met de familie naar een pretpark, was het toilet voor mij de grootste attractie. De hele dag trok ik van het ene toilet naar het andere.

Ik leefde van de ene dag op de andere ook op grote voet. Omdat ik niet veel zin had om speciaal nieuwe schoenen te kopen (wat kan ik daar achteraf nog mee aanvangen?), trok ik mijn grootste, maar tegelijk ook mijn lompste paar schoenen aan. Als dat mijn gezwollen voeten maar wat comfort kon bieden. Het zijn uiteraard maar kleine ongemakken. Wie een storm heeft meegemaakt, schrikt niet van een fikse regenbui.

Ondertussen bleef mijn buik groeien. In het eerste stadium vond ik dat best aangenaam. Ik had een leuk bol buikje. Als ik 's nachts in bed lag, legde ik vaak mijn hand op mijn buik. Wat kon ik daarvan genieten. Alsof er een kleine tennisbal in mijn onderbuik zat... die algauw uitgroeide tot een voetbal.

Als ik mijn omgeving mocht geloven, dan viel mijn omvang wel mee. Maar hoezeer ik ook probeerde me in mijn doordeweekse jeans te wringen, al vrij snel merkte ik dat ik in mijn kast plaats moest maken voor zwangerschapskledij. Ik voelde me niet alleen zwangerder dan andere collega-zwangere vrouwen. Ook fysiek was het duidelijk dat ik twee passagiers vervoerde.

Mijn zwangerschap bracht ook een aantal vreemde fenomenen met zich mee. Zo heb ik in die periode ontzettend veel water gedronken. Water smaakte me enorm – ik vond het zelfs lekker –, maar tegelijk leek het alsof ik mijn dorst niet kon lessen. Mijn smaak veranderde ook enigszins. Normaal gezien ben ik bijvoorbeeld dol op sushi, maar tijdens mijn zwangerschap werd ik misselijk, alleen al bij de gedachte aan een Japanner. Koffie en cola hadden hetzelfde effect op me, wat in mijn zwangere toestand uiteraard geen slechte zaak was.

Gelukkig waren er ook veel zaken waarvan ik kon blijven genieten. Zo mocht ik met een gerust hart filet americain op mijn boterham smeren en mocht ik allerlei soorten kaas en slaatjes blijven eten. Dat had ik te danken aan mijn twee poezen. Wie zou er anders voor gezorgd hebben dat ik – zonder het te weten – al toxoplasmose had doorgemaakt? Je kunt de infectie immers krijgen wanneer in je in contact komt met besmette kattenuitwerpselen. Of door besmet rauw vlees te eten, of slaatjes die niet zo goed gewassen zijn. Omdat toxoplasmose gevaarlijk kan zijn voor de baby, wordt elke zwangere vrouw getest via een bloedonderzoek. Ik was gewapend met antistoffen. En dus kon ik lekker gevaarlijk leven tijdens mijn zwangerschap: slaatjes, vers gehakt of een martino, ik mocht het allemaal eten en ik kon er zoveel van smullen als ik wou! En ja, ik dronk af en toe een glaasje wijn. Niet tijdens de eerste drie maanden van mijn zwangerschap, toen heb ik alle alcohol vermeden. Had ik toen trouwens niet kunnen drinken. Maar het leek me sowieso niet wijs om alcohol te drinken op het moment dat de belangrijkste organen van de baby's gevormd werden. Nadien dronk ik wel af en toe een glas. Of dat al of niet verantwoord is tijdens de zwangerschap, daarover lopen de meningen uiteen. Ik heb me nooit zorgen gemaakt over het occasionele glaasje wijn.

BETTER SAFE THAN SORRY

Je bent er maar beter vroeg bij. Dus startte ik met het traditionele foliumzuur nog voor ik zwanger was. Foliumzuur zou de kans op een baby met spina bifida (open rug) verminderen. Daarnaast nam ik op doktersadvies ijzer in. Zo gezond mogelijk eten, dat was mijn eigen verantwoordelijkheid. Was dat trouwens uiteindelijk niet de beste garantie voor de toekomst van mijn twee baby's?

Als de meeste zwangere vrouwen 'eten voor twee' (een handig excuus voor die extra schep ijsroom, niet?), moest ik dan gaan eten voor drie? Natuurlijk niet! Bovendien was ik daar zelfs fysiek niet toe in staat. Mijn buikje was zo al rond en gevuld genoeg. Bovendien ging elke hap door mijn mond gepaard met een oprisping van mijn maag.

Foliumzuur, spina bifida, harde buiken. Wie zwanger is, maakt zich vrij snel een heel bijzonder vocabularium eigen. De woordenschat van het clubje van zwangere vrouwen, zeg maar. In die leefwereld zijn ook 'zwangerschapsstrepen' een begrip. Ik had er eerlijk gezegd nog nooit van gehoord. Ik wist zelfs niet hoe zwangerschapsstrepen eruit zagen. Maar als ik de verhalen mocht geloven, dan was het iets verschrikkelijks. Bijgevolg smeerde ik elke ochtend en avond kwistig amandelolie op mijn ronde buik. Een plakkerig goedje, dat wel, maar het zou een wondermiddel zijn om de gevreesde strepen of 'striemen' te voorkomen.

Een tweelingzwangerschap betekende ook vaker op controle gaan bij de gynaecoloog, met telkens weer een plasje op zak. De urine van een zwangere vrouw wordt immers geregeld gecontroleerd op de aanwezigheid van eiwit. Kwestie van een eventuele blaasontsteking of andere verwante problemen op te sporen. Die extra bezoekjes aan de gynaecoloog vond ik helemaal niet zo erg. Extra controles betekenden meer fotootjes van de foetussen (behalve dan die ene keer dat het fotopapier op was!). In mijn plakboek had ik ze ondertussen al 'baby 1' en 'baby 2' genoemd. Naast het fotootje noteerde ik telkens ook zorgvuldig hun omvang, gevolgd door wat uitleg of commentaar.

Wou ik baby 1 en baby 2 op een vlotte manier ter wereld brengen, dan volgde ik het best een aantal prenatale oefeningen. We gingen immers – indien mogelijk – voor een natuurlijke bevalling. Bovendien hield ik er rekening mee dat ik met twee bijzitters misschien wel extra grote proporties zou aannemen, dus kon ik wel wat lichaamsbeweging gebruiken. Ik nam contact op met een kinesiste, met de vraag of ik in haar privé-praktijk terecht kon. Prenatale oefeningen in groep zag ik niet zitten. De hele tijd herkend en misschien wel bekeken worden, schrikte me in mijn zwangere toestand toch wat af. Daarenboven was ik zwanger van een tweeling, wat mijn geval enigszins verschillend maakte. En ten slotte zou ik de oefeningen zonder Erik volgen. Ik begon trouwens vroeger aan de fameuze bekkenbodemoefeningen dan de meeste toekomstige moeders. Eenlingzwangerschappen duren gemiddeld 40 weken. Tweelingen durven al na 37 weken hun opwachting maken. In mijn geval wist je maar nooit...

Ik ontdekte spieren waarvan ik niet wist dat ze bestonden. Wist ik veel dat ik over een bekkenbodemspier beschikte. Ondertussen behoort die tot een van de meest geoefende spieren in mijn lijf: mijn plasjes heb ik perfect onder controle! Andere postnatale oefeningen waren gefocust op het persen. Niet dat ik op dat moment al door mocht persen. Het was allemaal een kwestie van controle. Ook mijn ademhaling moest geoefend worden. Adem in, adem uit. Ik hield in die weken vooral mijn adem in...

DE MISSELIJKHEID VOORBIJ

Een tweelingzwangerschap houdt meer risico's in dan een 'normale' zwangerschap. Die extra controles bij de gynaecoloog hadden hun reden. Vreemd genoeg was ik me daar tijdens mijn zwangerschap niet echt van bewust. Alsof ik niet besefte dat er toch wel gevaren aan verbonden waren. Als ik me al zorgen maakte, dan was dat meestal over de periode na de bevalling. En dan nog was ik vooral bezig met de praktische voorbereiding van de komst van mijn twee baby's.

Ik moest me trouwens ook nog 'verzoenen' met het feit dat er niet één maar twee baby's op komst waren. Ondertussen had ik al een tijdje kunnen wennen aan het idee dat ik zwanger was van een tweeling (ik had overigens 9 maanden de tijd om dat te doen). Maar kun je daar wel aan wennen? Kun je je vooraf een idee vormen van hoe het zal zijn? Ik niet. Ik wist niet eens wat het was om één baby te hebben, laat staan dat ik wist wat het zou betekenen om twee baby's tegelijk ter wereld te brengen. En niet te vergeten: om die baby's nadien te verzorgen. Hoe kun je je dan mentaal voorbereiden?

Terwijl ik zelf niet wist wat ik moest verwachten, leek het alsof mijn omgeving dat wel wist. 'Ze zullen veel aan mekaar hebben,' zei de een. Of: 'Ze zullen zich nooit vervelen'. 'Bekijk het positief, je bent er in één moeite vanaf,' klonk het bij een ander. De korte pijn, weet je wel. Zelf wist ik het allemaal niet. Ik probeerde me in zekere mate voor te bereiden door me te verdiepen in gespecialiseerde literatuur. Ik doorbladerde tal van boeken over zwangerschap en baby's, over eenlingen en tweelingen. Om uiteindelijk met nog meer vragen te zitten.

DUBBELE BABY-UITZET

Wat zou ik allemaal nodig hebben? Alleszins meer dan wanneer ik van één kindje zwanger zou zijn. Vanaf nu moest ik rekenen in tweevoud. Ik kon er alvast aan beginnen wennen, want het was hoog tijd om werk te maken van de babyuitzet.

Zoals bij veel toekomstige ouders is mijn avontuur begonnen in de babywinkel waar ik mijn geboortelijst heb gelegd. Het moment waarop ik de winkel binnenstapte, moest ik even slikken. Voor het eerst werd alles heel concreet. Ik was zwanger en die zwangerschap kreeg ondertussen letterlijk en figuurlijk vorm. Niet alleen mijn leven, ook mijn huis zou nooit meer hetzelfde zijn. We hadden immers massa's spullen nodig. Met een tweeling op komst konden we een geboortelijst dus wel goed gebruiken! Dat nam niet weg dat Erik en ik op voorhand al een aantal zaken wilden – en moesten – aankopen. De bedjes bijvoorbeeld, wilden we graag al klaarzetten. We kochten ook al beddengoed, zoals hoeslakentjes en matrasbeschermers. Ik koos stof uit, mijn moeder stikte de lakentjes. Twee vriendinnen leenden me het wiegje waar hun baby ooit in sliep. Dat was leuk meegenomen, want uiteindelijk heb ik de wiegjes niet zo heel lang nodig gehad.

Een aantal babyhemdjes of rompertjes zouden ook van pas komen, samen met twee kruippakjes. Ook praktisch zijn tetradoeken of flanellen luiers. Hoewel die meestal niet meer als luier worden gebruikt, zijn ze nog bijzonder handig om tere babyhuidjes mee af te drogen. Of om onder het hoofdje van je baby te leggen wanneer hij of zij slaapt. Dan moet je niet telkens het volledige laken verversen wanneer er wat spuug ligt.

Wat heb ik nog allemaal in huis gehaald of van vrienden en familie cadeau gekregen?

Twee slaapzakken, twee jasjes, twee mutsjes, dubbel zoveel slabbetjes, kousjes, twee luierkussens (een voor beneden en een voor in de badkamer), een babybad en een badzitje.

De tweelingbox met bijhorend stootkussen en matras bleek een zeer goede aankoop. Twee baby's hebben immers meer ruimte nodig en de matras zorgde ervoor dat ik ze gerust kon laten liggen wanneer ze in de box in slaap vielen. Algauw stonden er in de leefkamer twee hoge kinderstoelen die konden meegroeien met de leeftijd. Twee babyrelaxen hadden we ook nodig, zowel voor de relax- als voor de voedingsmomenten, met sponzen kussens die je gemakkelijk kon uitwassen. Geen overbodige luxe!

Voor de auto hadden we twee maxicosi's nodig. En we moesten ook op zoek naar een tweelingbuggy. We kozen een brede buggy, al hebben we achteraf meer gebruik gemaakt van onze twee driewielers. Zo'n brede buggy geraakt wel binnen in de meeste winkels, maar door de kleine smalle wieltjes ondervonden we flink wat hinder bij het manoeuvreren. Hoe dan ook is zo'n tweelingbuggy best handig, zeker wanneer je tweeling nog te klein is om in een driewieler te zitten. Op dat moment heb je trouwens ook twee draagmanden nodig, kwestie dat de baby's tijdens de rit in de buggy comfortabel kunnen slapen. Het moderne antwoord op de ouderwetse kinderkoets.

Wat nog meer? Hun eerste kleertjes, een draagzak, een reisbedje, een kammetje, een borsteltje, een nagelschaartje, een koortsthermometer, een badthermometer (ideaal voor kersverse, onzekere moeders zoals ikzelf), zuigflessen, een sterilisator, een flessenverwarmer, onbreekbaar bestek en eetgerei en een of twee babyfoons.

Een luieremmer vond ik overbodig. We hadden buiten aan de achterdeur een vuilbakje staan zodat we de stinkende pampers meteen uit ons huis konden verwijderen. Wel noodzakelijk was een grote kast om al onze spullen voor de tweeling in te leggen!

Omdat we al zoveel spullen dubbel moesten kopen, probeerden we de minder noodzakelijke aankopen te beperken. Desondanks vonden we het belangrijk om meteen al een muziekmobiel in huis te halen. Voor elke baby kozen we een muzikale knuffel uit – een muis en een maan – en bij elke maxicosi hoorde natuurlijk een leuke speelgoedhanger. Uiteindelijk gaven veel mensen – oma en opa voorop! – spontaan wat speelgoed cadeau waardoor de tweeling al snel omringd was door allerlei leuke speeltjes, kleuren en geluiden.

Aan de felle kleuren heb ik wel wat moeten wennen. In het begin was ik geneigd vooral te kiezen voor speeltjes en babyspulletjes in aardetinten en dus eigenlijk mijn eigen smaak te volgen. Tot ik besefte dat baby's niet houden van zachte, onopvallende kleuren. Zij willen gestimuleerd worden, als het even kan met knalrood, geel, blauw, groen en – wat ondertussen de lievelingskleur van mijn tweeling is geworden – oranje!

Was ik blij toen alles eindelijk geregeld was. Wat ik toen nog niet besefte, was dat de babyuitzet steeds verder zou uitbreiden. Een aantal maanden later moest ik al op zoek gaan naar autostoeltjes. Maar liefst vier! Twee voor in mijn auto en twee voor in die van Erik. Of dacht je dat we die stoeltjes er telkens zouden uithalen en verplaatsen? Ach, het was op dat moment nog toekomstmuziek. Voorlopig moest er nog niemand vervoerd worden, behalve ikzelf, want ik begon het verdorie wel lastig te krijgen...

DE LAATSTE LOODJES

Naarmate de maanden vorderden, werd het fysiek opnieuw zwaarder. Tijdens de laatste maanden van mijn zwangerschap werd ik gekweld door een stekende rugpijn. Vooral mijn lage rug had het zwaar te verduren. Thuis probeerde ik de pijn wat te verlichten door te rusten in bed of op een comfortabele manier in de zetel te gaan liggen. Ging ik bij vrienden op bezoek, dan zat ik meestal onwennig te draaien op mijn stoel en kon ik geen gemakkelijke houding vinden. De extra kussens die ik ter ondersteuning aangeboden kreeg, brachten meestal weinig soelaas. Nochtans had ik gedurende mijn hele zwangerschap als een goede soldaat mijn achterste ingetrokken (mijn borst stak sowieso vooruit!) om een rechte houding aan te nemen. Helaas, zonder resultaat. Wellicht zat ik boven de toegelaten vracht.

Ik werd steeds meer geplaagd door vervelende maagoprispingen. De druk op mijn ribben nam toe en mijn buik nam indrukwekkende afmetingen aan. Toen ik voor het eerst in een zwangerschapsboek las dat je op het einde van een tweelingzwangerschap uit je bed moest rollen, kon ik dat haast niet geloven. Tot ik tijdens de laatste maanden zelf ondervond dat het de enige manier was om nog uit bed te geraken.

Hoewel er voordien nog geregeld een grappige uitstulping in mijn buik ontstond wanneer een baby zich draaide, een bult die zich dan bewoog van de ene kant naar de andere, werd het op het einde tamelijk stil in mijn buik. Stilte voor de storm.

Het was een hete zomer dat jaar. Eind juni trokken Erik en ik nog met de auto naar het zuiden van Frankrijk. Moest kunnen. De tweeling werd pas eind september verwacht. Met voldoende kussens rondom mij zou ik de lange rit wel overleven. Ik maakte me totaal geen zorgen. De baby's zaten nog veilig vast in mijn buik. Niets wees erop dat daar snel verandering in zou komen.

Het werd een onvergetelijke reis, vooral door alles wat fout liep. We waren nog maar een dag in Frankrijk of Erik werd ziek. Toch drong hij aan om verder te rijden. Wellicht had hij een of ander virus te pakken. Alleszins iets van voorbijgaande aard. Maar al snel bleek dat er meer aan de hand was. Toen we aankwamen in de buurt van Toulouse, kroop hij over de grond van de pijn. De dame van de gastenkamer waar we verbleven, belde de wachtdokter en reed vervolgens midden in de nacht met mij naar een apotheek. Erik had een niercrisis. Ik stond erbij en keek ernaar. Wat kon ik doen behalve kalm blijven, zeker in mijn 'toestand'? Een paar dagen later voelde Erik zich gelukkig al wat beter en zaten we op een terras wat te relaxen, toen mijn stoel het begaf en ik er gewoon doorzakte. Met mijn volle gewicht viel ik op de grond, waarbij mijn voet geklemd raakte onder wat nog overbleef van de stoel. Mijn eerste bekommernis waren de baby's. Maar met mijn buik was gelukkig alles in orde. Helemaal anders was het gesteld met mijn voet: we konden er best meteen ijs op leggen om nog meer zwelling te voorkomen.

Alsof we het lot helemaal wilden tarten, trokken we nog verder. We maakten een tussenstop in Carcassonne, dat voor altijd in mijn geheugen gegrift zal blijven als de stad waar ik meer dan een uur ronddwaalde op zoek naar een toilet. Geloof me, met een dubbel zwangere buik kan de nood bijzonder hoog zijn. Als het je overkomt wanneer je je rond sluitingstijd in een oude stadskern bevindt, wordt de druk ten top gedreven. 'Ce sera un euro,' zei de barman van het laatste cafeetje dat zijn deuren nog niet had gesloten. Een dure sanitaire stop. Maar nog nooit heb ik zo snel naar mijn portemonnee getast. De verlossing was nabij.

De tweede helft van onze vakantie zouden we in Spanje doorbrengen, waar we met vrienden een huisje hadden gehuurd. Ik geloofde al lang niet meer dat we die week zonder kleerscheuren zouden doorkomen. Toch was dat het geval. Het was prachtig weer. We konden elke dag gezellig buiten eten. Overdag dobberde ik (of liever: mijn buik!) rond in het zwembad en 's avonds gooiden we wat vlees of vis op de barbecue. Heerlijk! Door de combinatie van mijn zwangerschap en de hitte had ik soms al eens een lastig moment, maar het werd vooral een ontspannende week. Ik kon mijn batterijen helemaal opladen. Die energie kon ik overigens goed gebruiken, want op de terugweg hielden we nog halt in Barcelona. Aangezien het de tweede keer was dat ik er kwam, kon ik me meteen op het shoppen storten. Al moet ik zeggen dat het zwaar torsen was: die tweeling en al die boodschappentassen!

Eind juli was ik hoogzwanger. Die laatste loodjes wogen wel heel zwaar. Spataders zijn me bespaard gebleven, maar mijn benen en voeten waren enorm gezwollen. Een pijnlijke affaire. Meestal zat ik buiten in de schaduw op het terras met mijn voeten afwisselend in een koud voetbad en op een stoel. In diezelfde maand heb ik nog een concert meegepikt van Paul Simon in het Brusselse Vorst Nationaal. Hoewel hij een schitterende performance gaf, was ik blij dat het afgelopen was. Mijn dikke buik speelde me lelijk parten...

EEN TWEELING IS GEBOREN!

Nu de bevalling dichterbij kwam, moesten we ook beginnen nadenken over de namen. Het echografisch onderzoek had in het begin al uitgewezen dat het geen identieke tweeling was. We wisten ook vrij snel dat een van de baby's een jongen was. Begin mei lagen de bewijzen al op tafel. Op de echo liet ons mannetje duidelijk zien wat hij in huis had. De andere baby liet voorlopig nog niet in zijn of haar kaarten kijken, al meende de gynaecoloog toch iets gezien te hebben dat wees in de richting van een meisje. Toch wou ze zich daar nog niet met honderd procent over uitspreken. Wij begonnen wel te dromen. Zou het een meisje zijn? Zouden we zowel een jongen als een meisje krijgen? Dat zou fantastisch zijn, al zouden we even gelukkig zijn met twee baby's van hetzelfde geslacht. Maar stel... Ons geduld werd enige tijd later beloond. Begin juli – we waren net terug van Frankrijk – bekende de baby kleur. Het werd een koningswens.

Een jongen en een meisje. Alles werd plots veel concreter. Een jongen. Zou hij op mijn man lijken? Zou hij net als Erik blauwe ogen hebben? Of zou het een donker jongetje worden, duidelijk gekleurd door zijn mama? En het meisje. Hoe zou ze zijn? Lief en zacht? Of zou ze allesbehalve meisjesachtig zijn en eerder kwajongensstreken uithalen? Zou ze mijn karakter hebben? Of zou ze eerder rustig zijn onder invloed van mijn man? Ik vond het heerlijk om erover te fantaseren in de wetenschap dat de werkelijkheid mijn dromen sowieso zou overtreffen!

Voor een dochter hadden we al langer een paar namen in gedachten. 'Ada', naar een personage uit 'De ontdekking van de hemel' van Harry Mulish. Of 'Fran', geïnspireerd op San Francisco, de stad waar we in 1999 trouwden, maar vooral een verwijzing naar Frans Strieleman, mijn helaas al overleden schoonvader.

Een jongensnaam kiezen bleek een moeilijker bevalling. 'Jane', een afleiding van Adriaan die vooral in Nederland voorkomt, haalde het niet want dat zou misschien uitspraakverwarring stichten. 'Wolf' of 'Willem' waren voor mijn man geen optie. Het werd uiteindelijk 'Simon', een naam die ik altijd al associeerde met de lyrische naam Simon Carmiggelt en die ook bijzonder was omdat mijn overleden schoonmoeder Simone heette.

De kogel was door de kerk. Straks zouden Simon en Fran Strieleman de bevolking op deze aardbol versterken. Wilden we dat wereldkundig maken, dan moesten we dringend aan het geboortekaartje beginnen. Erik en ik waren het er snel over eens dat we het zelf wilden ontwerpen. Of beter: Erik zou dat doen. Ik zag het best zitten om er ook een eigen tekst of gedichtje op te plaatsen. Maar dat was niet naar de zin van Erik, die het sober wilde houden. Het werd uiteindelijk een eigen creatie. We kozen voor een pastelblauw kaartje. Op de voorkant kwamen een aantal afbeeldingen, gebaseerd op foto's die we zelf namen. Erik fotografeerde twee eieren, twee glazen wijn, twee paar babykousjes, twee stukken fruit (niet toevallig een banaan en een pruim...), twee bloemen en een dubbele stekkerdoos. We namen ook een foto van het etiket op de fles wijn 'San Simón' die we op onze vakantie in Spanje hadden gekocht. Daarnaast zou een fragment prijken van de cover van onze reisgids van San Francisco, gekocht in 1999, toen we daar trouwden. Binnenin het geboortekaartje moesten enkel de namen en de geboortedatum van de tweeling gedrukt worden en onze namen in de hoedanigheid van de gelukkige ouders.

Doopsuiker, dat moesten we ook nog bestellen! We gingen voor chocolaatjes met op de wikkel telkens hun naam. Of zouden we toch beter iets anders kiezen, want zou chocolade niet smelten door het warme weer? Wel neen, tegen eind september zou het toch wat koeler zijn?

2

De geboorte
Als je eerste er twee zijn...

KONINGSWENS MET EEN KEIZERSNEDE

Op 12 augustus had ik een nieuwe afspraak met de gynaecoloog. De zoveelste controle. Er werden geen fotootjes meer genomen. De baby's waren te groot en er is nu eenmaal weinig te zien aan een stuk arm of been. Fran lag onderaan met haar hoofdje naar beneden, de ideale positie – maar nog niet het moment – voor een bevalling. Simon lag in stuit, maar hij had nog anderhalve maand de tijd om zich te draaien. We hadden geen enkele reden om ons zorgen te maken...

Twee dagen later gingen Erik en ik samen uit eten met vrienden in Gent. Het ideale moment om wat bij te praten. We hadden mekaar al een hele tijd niet meer gezien en natuurlijk was mijn zwangerschap hét gespreksonderwerp. De locatie was perfect, het eten was heerlijk. Toch voelde ik me niet zo best. Hoe later het werd, hoe meer tijd ik doorbracht op het toilet. Mijn maag draaide vierkant. Ik had plots een verschrikkelijke diarree. Maar ik wou de avond niet verpesten en dus hield ik me kranig.

's Ochtends leek het ergste voorbij. Het was 15 augustus en het was vooral bloedheet. Had ik de avond ervoor op restaurant iets teveel gegeten? Hoe dan ook, dat extra pondje erbij zorgde ervoor dat de wijzer van mijn weegschaal niet meer zweefde tussen twee getallen. Sinds het begin van mijn zwangerschap was ik ondertussen 17 kilogram aangekomen. Dat was nog mooi binnen de perken voor een tweelingzwangerschap, al bleef het voor mijn 1.65 meter een flink gewicht om te torsen. Erik en ik zaten buiten op het terras en waren begonnen met de omslagen voor de geboortekaartjes. Een werkje waar we nog meer dan een maand de tijd voor hadden.

Die avond ging ik slapen omstreeks middernacht. 'Ze mogen stilaan komen,' dacht ik, het begon echt wel zwaar te worden. Ik ben helemaal niet bijgelovig – integendeel – maar was het toeval dat ik net voor het slapengaan een van mijn zwangerschapsboeken opensloeg? Ik wilde weten hoe het zou aanvoelen als de vruchtvliezen zouden breken. Zou ik dat voelen? Zou ik dat herkennen?

Het antwoord liet niet lang op zich wachten, want diezelfde nacht werd ik om half vier plots wakker door een warm gevoel vanbinnen (en niet lang daarna ook vanbuiten!). Wat zich eerst manifesteerde als wat vochtverlies, werd al snel een waterstroom, vooral toen ik rechtop ging zitten in bed. Fran had blijkbaar besloten dat het welletjes was geweest. Haar vruchtzak had het begeven. Haar broer zat nog veilig ingekapseld en wist niet wat er boven zijn hoofd, of liever, onder zijn voeten hing.

Heel vreemd hoe je je dan gaat gedragen. Ik begon van de ene kamer naar de andere kamer te hollen om het fameuze koffertje klaar te maken. Echt rationeel was dat niet. Om te beginnen liet ik daarbij een indrukwekkend waterspoor achter. Bovendien, waarom moest ik zo nodig nog midden in de nacht dat koffertje klaarmaken? Wat zou ik er in godsnaam mee aanvangen? Dacht ik nu echt dat ik al daags nadien met mijn twee baby's het ziekenhuis zou mogen verlaten? Erik bekeek me alsof ook hij dacht dat ik niet goed wijs was, maar hij liet me begaan. Ook toen ik plots een vuilniszak tevoorschijn toverde. We zouden immers naar het ziekenhuis rijden met mijn gloednieuwe auto, die niet meteen gedoopt moest worden met vruchtwater. Ik schoof de vuilniszak onder mijn bips en hup, wij op weg naar het ziekenhuis.

Het was een warme zomernacht. Om 4.45 uur kwamen we aan op de spoedafdeling en vanaf dan ging het allemaal heel snel. De gynaecoloog werd er bij geroepen. Aangezien de baby's prematuur waren en vooral omdat Simon in stuitligging lag, besliste ze om over te gaan tot een keizersnede. Ze koos voor de veilige weg. Wat zo'n keizersnede betekende, kon ik toen moeilijk inschatten. Het klinkt misschien vreemd, maar ik had nooit rekening gehouden met die mogelijkheid. Ik ging er altijd van uit dat het een natuurlijke bevalling zou worden. Daar had ik trouwens ook geen schrik voor, omdat de baby's sowieso wat kleiner zouden zijn dan een eenling. Ze zouden dus iets makkelijker langs de smalle doorgang kunnen passeren. Maar uiteindelijk was dat zelfs niet nodig. Net zo min als de prenatale oefeningen. Ook die waren een maat voor niets geweest.

Om 6.30 uur was ik al in het operatiekwartier, waar ik dadelijk een epidurale verdoving of ruggenprik zou krijgen. Tevoren had ik vaak met schrik aan die verdoving gedacht, maar uiteindelijk heb ik de prik amper gevoeld. Alles ging die nacht aan mij voorbij, ik besefte niet echt wat er gebeurde. Het overkwam me en het ging allemaal zo snel.

Zo'n keizersnede heeft één groot voordeel. Op het moment van de bevalling voel je geen pijn – hoogstens wat trekken en duwen – en dus kun je best verdragen dat je man in het operatiekwartier wat rondloopt om foto's te nemen. Een heel andere situatie dan wanneer je als vrouw een natuurlijke bevalling meemaakt. Dan kan ik me best voorstellen dat je het liefst je man aan je zijde hebt. Ik zou het niet kunnen verdragen als Erik gezellig wat foto's zou zitten nemen, terwijl ik lig te sterven van de pijn.

Ook de baby is best gebaat met zo'n keizersnede. Voor hem of haar zou het minder traumatiserend zijn. Dat heb ik althans vernomen in een reportage op televisie. Een baby die uit de buik van de moeder 'geplukt' wordt, maakt de traumatiserende perservaring niet mee. Ik heb het Fran en Simon nog niet kunnen vragen en het is zeer de vraag of ze het zich later zullen herinneren. Wat ik wel met eigen ogen heb kunnen zien, is dat baby's door zo'n keizersnede 'ongeschonden' ter wereld komen. Het zijn twee perfecte kleine wezentjes. Zo volmaakt, maar tegelijk klein, heel klein...

Fran zag het levenslicht om 7.07 uur, op de voet gevolgd door haar broer Simon om 7.10 uur. Twee vroege vogels, die ik helaas niet in mijn armen mocht sluiten. Heel even kreeg ik ze te zien. Fran viel me meteen op. Ze had een rond gezichtje en opvallend veel zwart haar. Best grappig, zo'n klein wezentje met zo'n weelderige haardos. Broer Simon had ook al een paar pluimen op zijn hoofd, maar hij was duidelijk een bleker type. Ik kon de baby's maar heel kort bewonderen. Daarna werden ze meteen door de kinderartsen onderzocht. Ze kregen allebei een geel mutsje op zodat ze niet te veel warmte zouden verliezen en vervolgens werden ze samen in een couveuse gelegd. Als twee kleine kuikentjes in hun warme nest. Ik probeerde dat beeld zo lang mogelijk vast te houden.

Erik liet de foto's die hij tijdens de bevalling had genomen meteen ontwikkelen. Ik was er hem heel dankbaar voor. De foto's konden natuurlijk het fysieke contact met de baby's niet vervangen, maar het was alleszins een troost op dat moment. Bovendien zou ik dankzij de foto's de bevalling achteraf opnieuw en misschien wel bewuster kunnen beleven, al was het dan op papier. Veel had ik er immers niet van te zien gekregen. Ik lag de hele tijd op mijn rug en de hele operatie speelde zich af achter een steriel laken. Dat Erik de geboorte van Fran had gemist omdat het filmpje scheef in het fototoestel zat, vergeef ik hem graag. Het was ook zijn eerste keizersnede...

DE EERSTE WEKEN

Fran en Simon waren met een geboortegewicht van 2090 en 1905 gram niet echt wat je noemt 'flinke' baby's. Maar gezien hun vroegtijdigheid konden we niet meer verwachten. De rompertjes die ik vooraf had gekocht, kon ik voorlopig in de kast laten liggen. Simon was 41 centimeter lang en Fran was met haar 43 centimeter ook niet meteen klaar voor een maatje 50.

In de couveuse moesten ze gelukkig maar 1 dag blijven (zelfs dan nog bezorgde de verpleging me een polaroidfoto van de tweeling!). Daarna verhuisden ze naar een verwarmd kamertje voor prematuurtjes of 'de kleine N' zoals deze afdeling van de neonatologie werd genoemd. Daar werden ze vastgelegd aan een monitor die hun hartslag controleerde en die het ademhalingsritme, het zuurstofgehalte en nog andere levensnoodzakelijke zaken registreerde. Wie het kamertje binnen kwam, moest telkens zorgvuldig handen en polsen wassen met een ontsmettende zeep.

Fran en Simon hadden het gezelschap van nog een prematuurtje. Een jongetje dat nog vroeger geboren was dan zij. Elk hadden ze hun eigen bedje mooi naast mekaar. Vlakbij Simon stond een transistorradio, die dag en nacht op radio Donna stond. Geen wonder dat hij later de muzikaalste van de twee zou worden.

De baby's werden de hele dag in de gaten gehouden. Hun lichaamstemperatuur werd geregeld gemeten en zorgvuldig genoteerd. Ze werden dagelijks gewogen. In het begin was dat ontmoedigend. Zoals alle baby's vielen Fran en Simon de eerste dagen nog wat af. Vier dagen na zijn geboorte woog Simon nog 1710 gram. Fran viel nog wat langer af en zat op haar laagste gewicht op 22 augustus (1880 gram). Hoewel iedereen me verzekerde dat de baby's het ondanks hun lage lichaamsgewicht goed maakten, was ik opgelucht toen ze eindelijk begonnen bij te komen. Langzaam maar zeker gingen hun gewichtjes naar omhoog. De ene dag kwam er 90 gram bij, op andere dagen moesten we tevreden zijn met 10 gram of zelfs een status quo. Het streefgewicht was 2300 gram. Eens ze dat gewicht zouden bereiken, mochten ze naar huis.

Zover waren we nog niet. Simon had een chronisch ontstoken oogje waar hij vanaf moest geraken. Ondertussen lag ik nog op de materniteit om te herstellen van mijn keizersnede. Aanvankelijk werd de epidurale verdoving nog aangehouden, om de pijn te verzachten. Er hing een knopje aan mijn bed waarop ik kon duwen om nog wat extra pijnstiller toe te dienen. Uiteraard was die dosis begrensd. Gelukkig maar, want wees gerust, ik heb meermaals op dat knopje geduwd! Vooral toen mijn onderste ledematen en mijn onderbuik begonnen te ontwaken, had ik vreselijk veel pijn.

In een poging me wat op te monteren, merkte Erik op dat zo'n keizersnede toch niet zo erg kon zijn. Of toch niet zo erg als een niercrisis, waar hij zelf ervaring mee had. Foute opmerking! Samen met mij was de gynaecoloog ervan overtuigd dat zo'n keizersnede achteraf toch wel pijnlijker is.

Ik had een buikoperatie ondergaan, waarbij mijn buik het dubbel zo hard te verduren had gekregen. Ik moest immers bevallen van twee baby's. Wedden dat Erik een volgende keer twee keer zal nadenken voor hij me probeert te troosten?

De eerste dagen kon ik mijn bed niet uit. Toen een verpleegster me voor de eerste keer op een pan tilde om te plassen, schreeuwde ik het uit van de pijn. Daarbij kwam dat mijn darmen iets te lang stil hadden gelegen en vol lucht zaten, wat me flink wat krampen bezorgde. Bovendien voelde ik duidelijk dat mijn baarmoeder aan het samentrekken was. Die naweeën konden bij momenten behoorlijk pijnlijk zijn. Ik had ook nogal wat bloedverlies, in die mate dat zelfs de reuzenmaandverbanden van het ziekenhuis het niet altijd voldoende konden opvangen. En alsof dat alles nog niet erg genoeg was, kreeg ik te kampen met een vervelende prikkelhoest. Zo'n hoest in combinatie met een verse wonde is dodelijk.

Hoef ik te zeggen dat ik de baby's de eerste dagen niet heb gezien? Erik had gelukkig meteen na hun geboorte een digitaal fototoestel gekocht, zodat ik de eerste momenten niet helemaal moest missen. Het was trouwens meteen duidelijk dat we massa's foto's zouden nemen van de tweeling. Met een digitaal toestel was dat veel makkelijker (mislukte foto's wis je gewoon!), we hoefden niet telkens bij de fotograaf langs te gaan en we zagen meteen het resultaat. En zo kreeg ik tenminste een beeld van wat zich bij de prematuurtjes afspeelde. Toch kon dat niet wegnemen dat ik me ongelukkig voelde, al bleef iedereen me op het hart drukken dat ik met twee gezonde baby's geen enkele reden had om verdrietig te zijn. Maar wat kon ik ertegen doen? Ik was moe, ik had pijn en ik had de babyblues...

Het waren niet meteen de meest optimale omstandigheden om met borstvoeding te beginnen. Toch had ik besloten het te proberen ook al was ik nooit helemaal gewonnen geweest voor het idee. Tevoren had ik er lang over nagedacht. Na overleg met Erik, was ik er uiteindelijk van overtuigd geraakt dat ik het een kans moest geven, al wist ik dat ik daarvoor niet meteen de geschikte persoon was. Zo zag ik me niet overal en ten allen tijde mijn borst(en) bovenhalen om twee baby's te voeden. Chapeau voor vrouwen die dat wel kunnen. Ik ben op dat vlak eerder het schuchtere type. Kiezen voor borstvoeding betekende ook dat ik in het begin alle voedingen zelf zou moeten geven. In het geval van een tweeling zijn dat er dubbel zoveel. Ook dat was een behoorlijke uitdaging, want ik heb nu eenmaal veel slaap nodig. Ik zou het voor een tijdje met veel minder moeten stellen.

Ik zag echter ook de voordelen. Zo rekende ik erop dat borstvoeding de emotionele band met de baby's zou versterken. Het was misschien een compensatie voor het feit dat ik mijn aandacht sowieso over twee baby's zou moeten verdelen. Wie weet kon ik op die manier ook sneller de verloren tijd inhalen, want ik had ze nu al amper gezien. Borstvoeding zou ook de gezondheid van de tweeling ten goede komen. Moedermelk is de beste bescherming voor je baby, zo had ik vernomen. Baby's die borstvoeding krijgen, worden minder vaak ziek. Een en ander heeft te maken met het colostrum, de eerste moedermelk die veel beschermende antilichamen bevat. Wou ik mijn baby's dat ontzeggen? Zeker nu ze te vroeg geboren waren, konden ze die extra bescherming goed gebruiken. En ja, ik zou er ook zelf voordeel uit halen. Borstvoeding geven zou de baarmoeder stimuleren om samen te trekken. Het idee dat alles snel terug op zijn 'normale plooi' zou zijn, was bijzonder aanlokkelijk. Komt daar nog bij dat borstvoeding supergoedkoop is. Al was dat voor mij geen argument.

Het werd borstvoeding, ook al wist ik dat ik de eerste dagen zou moeten afkolven, omdat ik nog onvoldoende hersteld was om op te staan. Die allereerste borstvoeding moest bovendien verdeeld worden over twee baby's, wat betekende dat mijn moedermelk aangevuld zou worden met andere voeding. Leuk vond ik dat niet. Maar problemen had ik er niet mee.

Veel erger vond ik het afkolven. Dat was een uiterst pijnlijke affaire. De allereerste keer dat ik de elektrische pomp op een van mijn borsten plaatste, dacht ik dat mijn tepel er geweest was! De borstpomp ervoer ik als een echt foltertuig. Kon ik weten dat je dat toestel op een lagere zuigkracht kon zetten! Toen ik dat eindelijk besefte, was het al veel te laat. Zalfjes en compressen mochten niet meer baten.

Toch ging ik ermee door. Voor de tweeling. Aanvankelijk kwam de borstvoeding maar traag op gang, helemaal niet zoals ik het me voorgesteld had. Ik was zelfs teleurgesteld door de eerste, kleine hoeveelheid. Eens ik de stuwing wel goed begon te voelen, was de toevoer van melk niet te stoppen. Van de ene dag op de andere waren mijn borsten heel pijnlijk, ze begonnen te lekken en 's nachts lag ik enorm te zweten. Later zou ik proberen om de druk op mijn borsten te verlichten door de overtollige melk onder een warme douchestraal weg te masseren, zoals ik ergens gelezen had. Veel effect had dat niet. Er leek geen einde te komen aan de melkstroom. De verpleging bezorgde me een aantal borstschelpen. Zo'n plastieken schijfje kon ik in mijn bh kon stoppen om de melkdruppels van de ene borst op te vangen, terwijl ik de andere borst afkolfde. Tussendoor gebruikte ik overvloedig borstcompressen die mijn kledij moesten beschermen tegen mogelijke melkvlekken. Ik vond het een vreemde confrontatie met mezelf en mijn lichamelijkheid. Met de enorme borsten die ik ondertussen cadeau had gekregen, was ik ook niet erg opgetogen. Dat, samen met de gigantische onderbroeken die ik voorlopig nog moest gebruiken, gaf me niet echt het gevoel de meest verleidelijke vrouw ter wereld te zijn.

Na een paar dagen vonden de verpleegsters dat de tijd rijp was om uit bed te komen. Ze ondersteunden me zodat ik op de rand van mijn bed kon gaan zitten. Even dacht ik dat ik flauw zou vallen, maar het lukte en met een rolstoel kon ik nu eindelijk naar Fran en Simon gaan kijken.

Dat allereerste moment samen met mijn baby's was heel bevreemdend. De betrokkenheid die een moeder tegenover haar kind voelt of zou moeten voelen, was bij mij nog niet aanwezig. Die emotionele band was er nog niet, hoewel ik natuurlijk vertederd was bij die eerste aanblik. Dat donkere meisje en dat bleke jongetje, dat waren mijn kinderen. Dat zouden mijn kinderen worden.

Vanaf dat moment ging ik meermaals per dag naar de baby's. De verpleegsters probeerden me daartoe zoveel mogelijk te stimuleren. Het was duidelijk dat ze me als moeder wilden betrekken bij de verzorging van de tweeling. Terecht, ook al viel dat me soms zwaar. De eerste badjes, de eerste pampers, de eerste flesjes, het is veel voor een jonge onervaren moeder om te verwerken, zeker als je amper op je benen staat. Bovendien waren Fran en Simon zo klein en leken ze zo teer. Ik had schrik bij elke beweging die ik maakte. Waar was dat moederinstinct dat mij van de ene dag op de andere zou transformeren tot een volmaakte moeder?

Ik moest het duidelijk wat meer tijd geven. Wie weet zou het geven van borstvoeding het moedergevoel in mij doen ontwaken. Eindelijk was het moment aangebroken waarop ik de baby's rechtstreeks kon voeden. De verpleging zou me helpen om Fran en Simon 'aan te leggen'. Dat zou niet probleemloos verlopen, te meer omdat de baby's sondevoeding hadden gekregen, afgewisseld met een flesje. Ook voor hen zou het dus even wennen zijn. Maar als het bij zoveel miljoenen vrouwen vóór mij was gelukt, dan moest ik het toch ook kunnen?!

Daar zat ik dan met mijn T-shirt omhoog, een kussen op mijn schoot, wachtend tot de verpleegster mij een baby zou aanreiken die – in mijn wensdroom – spontaan van mijn borst zou drinken. Zo verliep het dus niet. Simon was de eerste 'gelukkige', al leek hij zichzelf meer als een slachtoffer te beschouwen. Samen met de verpleegster ondernam ik verwoede pogingen om hem aan te leggen, al was het maar voor eventjes. Maar Simon had andere plannen en daar hoorde drinken aan moeders borst niet bij. Hij huilde, wat zeg ik, hij krijste! Hoe dichter we hem bij mijn borst brachten, hoe meer hij zijn keel opentrok. 'Laat ons het eens proberen met de zus,' zei de verpleegster bemoedigend. Maar ook Fran had het niet begrepen op mijn borsten. Zij bleef er weliswaar rustiger bij dan Simon. Te rustig zelfs, want telkens weer dreigde ze in slaap te vallen. Ik speelde letterlijk met haar voeten of ik kleedde haar helemaal uit, zo zou ze wel wakker blijven. Maar ze hapte niet toe.

Wie weet zou het wel lukken met een tepelhoedje. Dat zou mij tegelijk wat comfort bieden, want zo'n tepelhoedje beschermt gekloofde tepels. Met zo'n plastieken neptepel hadden we misschien meer kans op succes omdat die sterk lijkt op een speen. Aangezien Fran en Simon ondertussen al enigszins gewend waren aan flesjes... Maar neen hoor! Als echte kenners konden ze echt wel onderscheiden van namaak. Ach, ze waren nog zo klein. Misschien voelden ze ook wel dat ik helemaal niet op mijn gemak was. Ik verlangde naar de intimiteit van mijn eigen kamer, van mijn eigen huis.

Tussen de bedrijven door kreeg ik ook nog kraambezoek. Vrienden en familie kwamen om de tweeling te bewonderen, maar meestal kregen ze die niet eens te zien. Het verwarmde kamertje voor prematuurtjes is niet ten allen tijde en voor iedereen toegankelijk. Het enige wat ik de bezoekers kon bieden, waren twee foto's van de tweeling die boven mijn bed hingen en 'doopchocolaatjes' bij het vertrek, die wellicht meteen zouden smelten door de hete zomerzon...

De ventilators in mijn kamer draaiden op volle toeren. België beleefde een tropische zomer in 2002. Het zou niet lang meer duren eer ik de zonnestralen weer op mijn huid zou voelen, want straks mocht ik naar huis. Zonder de tweeling. Ze waren nog te klein en bovendien moesten ze nog lichttherapie krijgen om hun geelzucht te behandelen, een gevolg van hun vroeggeboorte. Ze moesten onder een soort 'babyzonnebank' liggen om een teveel aan bilirubine in hun bloed weg te werken. Het is een probleem waarmee sommige prematuurtjes af te rekenen krijgen wanneer hun lever nog te weinig ontwikkeld is om die bilirubine zelf te verwerken.

Ik zag zelf trouwens ook een beetje geel. Noem het een vorm van solidariteit met de tweeling, al lag er een andere oorzaak aan de basis van mijn gelige kleur. Door de keizersnede had ik nogal wat bloed verloren. Gelukkig gaat men nu niet meer zo snel over tot een bloedtransfusie en kon die bloedarmoede verholpen worden met een eenvoudig pilletje. Het was daarenboven maar een klein probleem in vergelijking met de immobiliteit waarmee ik nog altijd te kampen had. De rolstoel stond al aan de kant, maar stappen ging moeizaam. De hele evolutie van de mens ontrolde zich bij mij in één week: eerst strompelde ik voorovergebogen door de gang om daarna, beetje per beetje, rechtop te gaan lopen.

Ik voelde me allesbehalve honderd procent toen plots het moment aangebroken was om het ziekenhuis te verlaten. Ik was een vijftal dagen eerder aangekomen zonder baby's. Nu was ik moeder van een tweeling, maar toch zou ik vertrekken met lege handen. Ik vertrok niet als moeder, maar als patiënt, herstellende van een operatie. Een vreemd gevoel. Zo had ik me de eerste dagen van het moederschap niet voorgesteld. Waar was die roze wolk?

Afscheid nemen van de baby's was zwaar. Ik was er kapot van, ook al wist ik dat ik ze de volgende dag al terug zou zien. Het gevoel je pasgeboren kinderen te moeten achterlaten, is onbeschrijflijk. Ik had geen enkele greep meer op de situatie. Ik voelde me verloren.

3

Het moederschap

MMM... MELK

Eens terug in mijn eigen vertrouwde omgeving, slaagde ik erin me te herpakken. Al was me niet veel rust gegund. Er moest immers voor melk gezorgd worden. Het afkolftoestel dat Erik bij de mutualiteit had ontleend, bleek echter een vreselijk onhandig ding. Ik kon er helemaal niet mee overweg en ondertussen stonden mijn borsten op springen. Diezelfde dag nog moesten we aan een ander toestel zien te geraken en dan nog liefst hetzelfde als dat in het ziekenhuis. Na heel wat heen en weer getelefoneer had Erik een afspraak met een dame van een firma die dergelijke toestellen verhuurt. Ze zouden mekaar ontmoeten op een brug in de buurt van Mechelen waar zij hem het afkolftoestel zou overhandigen. Alsof het om een drugstransactie ging!

Groot was mijn opluchting toen bleek dat het om hetzelfde toestel ging als dat wat ik eerder in het ziekenhuis had gebruikt. Een dodelijke machine, dat wel, maar uiterst doeltreffend! Het duurde niet lang of de melkfabriek draaide weer op volle toeren. Ik had in die periode een hoog koegehalte, maar dat kon me weinig schelen. Zolang het allemaal in de beslotenheid van mijn eigen huiskamer gebeurde. Telkens ik weer een portie melk getapt had, kleefde ik een etiket op het flesje met daarop de dag en het uur van het afkolven. Ik pendelde verschillende keren per dag naar het ziekenhuis, een trip die – heen en terug – zo'n 40 minuten in beslag nam. In mijn wagen stond een frigobox met daarin de oogst van dat moment. In het kamertje waar Fran en Simon lagen, rangschikte ik de flesjes telkens netjes in de koelkast. Brrrr... melk!

Telkens als ik op bezoek kwam bij de tweeling, schakelden de verpleegsters me zoveel mogelijk in. De ene dag stopte ik Fran in bad en gaf ik Simon een flesje. De andere dag was het net andersom. Ik probeerde geregeld om de tweeling rechtstreeks borstvoeding te geven, maar echt veel vorderingen maakte ik niet. Ik troostte me met de gedachte dat het misschien beter zou gaan eens ook de baby's thuis waren.

Het viel me telkens op dat Fran en Simon altijd zo rustig waren. Als ze niet aan het drinken waren, sliepen ze. Als dat een voorsmaakje was van hetgeen ons thuis te wachten stond, dan zag het er heel goed uit. Maar ik moest me geen illusies maken. Dat zo'n kleine baby's veel slapen is heel normaal, vertelde een verpleegster. Eens ze het gewicht zouden bereiken van een 'normale' pasgeborene, dan zouden ze wel van zich laten horen, verzekerde ze ons. Dat bleek geen loze belofte.

30 augustus. De tweeling was twee weken oud. Fran woog ondertussen 2130 gram, Simon hinkte nog iets achterop met 2070 gram. We konden de wiegjes al klaarzetten en de maxicosi's in gereedheid brengen. Het zou niet meer zo lang duren eer ze naar huis mochten. Op 2 september werden ze nog eens gemeten. Fran was met 48 centimeter 2 centimeter groter dan haar 3 minuten jongere broer. Op 5 september was de grote dag eindelijk aangebroken. Simon haalde met zijn 2270 gram net niet de vereiste 2300 gram. Maar zus Fran maakte dat tekort met haar gewicht van 2370 gram ruimschoots goed. We mochten beide baby's meenemen. De dokters gaven ons de laatste richtlijnen en we maakten alles klaar om het ziekenhuis te verlaten. Zelfs met het verkleiningskussen verdronken Fran en Simon bijna in hun maxicosi. Ze waren nog heel klein en fragiel, dat wisten we, maar tegelijk waren we opgelucht hen te kunnen meenemen naar huis. Ons gezin was met 2 kinderen gevoelig uitgebreid. Wat zeg ik, verdubbeld en compleet!

THUIS

In den beginne was er melk, veel melk. Het leek alsof ik constant aan het voeden was. Fran en Simon hadden elk 7 voedingen nodig. Omdat door hun vroeggeboorte de zuigreflex onvoldoende ontwikkeld was, was het makkelijker om ze elk afzonderlijk eten geven. Wat erop neer kwam dat ik 14 keer per dag melk gaf. Hoe lang zo'n voedingsmoment duurde? Ik keek al lang niet meer naar mijn uurwerk. Kwestie van de moed niet helemaal te verliezen. Deden ze er een kwartier over? Een half uur? 45 minuten? Ik weet het niet. Het leek een eeuwigheid.

De vroedvrouw die de eerste dagen aan huis kwam, probeerde me moed in te spreken. Het was een goedlachse en hartelijke vrouw. Een echte moederkloek, gemaakt voor het beroep. Ze probeerde me te helpen waar ze kon. Waren de baby's nog niet in bad geweest, dan deed ze dat samen met mij. Moesten de nageltjes geknipt worden, dan deed ze dat ook. De vroedvrouw had een gunstig effect op de baby's en ook ik had deugd van haar bezoekjes. Ze nam de tijd om met me te praten. Ik mocht het mezelf niet zo moeilijk maken, zei ze. Het is niet goed om het té goed te willen doen. Laat de boel de boel. Laat de rommel al eens een dagje staan. En de baby's gaan heus niet dood van eens tien minuutjes te wachten. Het was haar gouden raad. Ik wist dat ze gelijk had, maar ik kon het niet laten. Daarvoor was ik veel te perfectionistisch. Een controlefreak. Beter was ik realistisch geweest. Baby's kun je niet onder controle krijgen.

De vroedvrouw was ook diegene die me thuis zou begeleiden bij het geven van borstvoeding. Na de eerdere mislukkingen, had ik moeite om mijn moed bijeen te rapen. Ik zag de onweersbui zo al hangen. Maar nu opgeven zou betekenen dat de baby's amper 20 dagen borstvoeding hadden gekregen. Bovendien zouden mijn inspanningen om de melkproductie op gang te houden dan tevergeefs zijn geweest. Dus ja, ik zou nog maar eens proberen om de tweeling rechtstreeks borstvoeding te geven.

Tot mijn verbazing hapte Simon even toe. Een zalig moment! Stilaan begon hij echt van mijn borst te drinken. Ook zus liet zich thuis van haar beste kant zien. Ik ben er de vroedvrouw nog altijd dankbaar voor. Een groot succes is het nooit geworden, maar elke kleine overwinning was een reden om ermee door te gaan. Ook 's nachts, al speelden zich toen vaak de meest ellendige taferelen af. De nachten leken eindeloos. Als zombies doolden Erik en ik door de gang, van het ene huilende kind naar het andere. 'Schreeuwen van de honger' kreeg toen pas voor mij zijn volle betekenis. 's Nachts recupereren zat er met andere woorden niet in. Ik was doodmoe. Meestal sukkelde ik tijdens het voeden in slaap om dan plots wakker te worden met een baby in mijn armen die al lang terug in zijn of haar bedje had moeten liggen. Of het kind gedronken had, wist ik niet. Hoe kon ik het trouwens weten, ik sliep...

Nochtans hebben vrouwen die borstvoeding geven rust en ontspanning nodig. Het is een belangrijke voorwaarde om de melkproductie op gang te houden. 'Probeer vóór je borstvoeding geeft een rustmoment in te lassen,' las ik in een boek over kinderverzorging. Kon iemand me vertellen hoe ik dat klaar moest spelen met twee ongeduldige, hongerige en vooral huilende baby's? Nog voor ik gestart was de eerste baby te voeden, was ik al compleet dolgedraaid!

En dan hoor je die heldinnenverhalen van moeders die er wel in slagen borstvoeding te geven aan hun tweeling. Supermama's zijn het. Echte wolvinnen met hun baby's als Romulus en Remus aan de borst. Ik benijd ze, die mama's. Borstvoeding is geweldig als het lukt. Maar voor mij was het niet weggelegd. De baby's tegelijk aanleggen mocht ik sowieso vergeten. Ze elk afzonderlijk voeden lukte wel, al was het nooit volledig geslaagd en leken ook de baby's nooit helemaal voldaan. De baby's wegen na elke voeding kon me niet meer geruststellen. De onzekerheid knaagde en werd me teveel toen Fran en Simon ook nog eens om de haverklap ziek werden en zelfs afwisselend opgenomen moesten worden in het ziekenhuis. Met een baby in het ziekenhuis en de andere thuis leek ik gedoemd eeuwig af te kolven. Aangezien dat niet meteen mijn favoriete bezigheid was en het huishoudelijk en ander werk zich ondertussen opstapelde, heb ik het geven van borstvoeding uiteindelijk opgegeven. Veel te vroeg, zullen sommigen zeggen. Voor mij was het net op tijd. Na vijf weken was ik uitgemolken.

Stoppen met borstvoeding was geen makkelijke beslissing. Ik had het gevoel mijn baby's in de steek te laten, ik voelde me schuldig tegenover mijn man en mijn omgeving en ik lag ook in de knoop met mezelf. Maar zowel fysiek als mentaal was mijn grens bereikt. Het geven van borstvoeding was mijn eigen keuze, maar net zoals veel andere jonge moeders had ik ook een zekere druk ervaren om die keuze te maken. Ik zette mezelf onder druk. Ik wou het doen omdat ik wist dat borstvoeding het beste was voor de baby's. Maar het bleek niet het beste voor mij. Ik voelde me er niet comfortabel bij. Dat onbehaaglijk gevoel zal ongetwijfeld onrechtstreeks een invloed gehad hebben op de baby's. In een poging hen het beste te willen geven, heb ik mijn eigen gezondheid ondermijnd. Ook met flessenvoeding worden kinderen groot. Had ik dat eerder ingezien, dan was niet alleen ik, maar waren ook mijn baby's daar alleen maar beter van geworden.

GEEN MENS VOOR EEN KONINGSWENS

Terwijl we in het ziekenhuis met onze vragen altijd terecht konden bij de dokters, moesten we thuis zelf een oplossing zoeken voor de kleine en grotere problemen. Bovendien konden we ook niet meer rekenen op de hulp van het verplegend personeel. Eens terug thuis stonden we er alleen voor. De eerste dagen probeerde Erik overdag zoveel mogelijk te helpen. Baby's verschonen, baby's troosten, baby's in bad stoppen, baby's voeden, we hadden – letterlijk en figuurlijk – de handen vol! Alsof heel wat vrienden beseften dat het niet meteen een rustige tijd voor ons was, lieten ze ons even gerust en stelden ze het kraambezoek uit tot een later moment. Ik was al gelukkig met hun telefoontje. Zo had ik toch wat contact met de buitenwereld.

Elke dag was een aaneenschakeling van rampen. De ene keer wou Simon niet eten, terwijl Fran op hetzelfde moment lag te huilen omdat ze een vuile pamper had. Wanneer ik Simon dan terug in zijn wiegje legde zodat ik haar kon verschonen, wou hij plots wel eten en dat liet hij luidkeels merken. Hoe vaak heb ik niet verkrampt op een stoel gezeten, terwijl ik een baby probeerde te voeden met de papfles geklemd onder mijn kin en daarbij ondertussen met mijn andere hand de andere huilende baby in zijn wiegje probeerde te sussen. Ik kwam meer dan eens handen te kort. Keer op keer gebeurde het dat een van de twee overgaf wanneer ik hem of haar net verse kleertjes had aangedaan. Of ze besloten allebei tegelijk te kotsen, kwestie dat mama een beetje geroutineerd zou geraken. Op de duur leek de wasmachine de hele dag te draaien. Het was bij ons thuis een regelrechte wasserette! Het moment dat de steriliseerstolp in onze microgolfoven was gesmolten, was ook niet meteen een van de gelukkigste momenten uit mijn bestaan. Ondertussen bleef de babymallemolen gewoon verder draaien. Het leven was hectisch. De paar overtollige kilo's die nog overbleven na de bevalling vlogen er af! Er was amper tijd om te eten. Op een avond belde mijn schoonzus ons op. Het was 22 uur. We waren net begonnen aan het ontbijt. Erik somde alle rampen van de dag op. 'Blij te horen dat alles goed gaat,' merkte mijn schoonzus doodleuk op. Wij moesten er allebei hartelijk om lachen, al was het een beetje groen...

Eens Erik terug ging werken, moest ik de klus alleen klaren. Die eerste dag alleen was ik in tranen. Het moment waarop Erik de deur achter zich dichttrok, leek het alsof mijn wereld in elkaar stortte. Er was niemand meer op wie ik kon steunen. Even binnenwippen bij mijn ouders zat er niet in, want zij woonden 45 kilometer verderop. Vanaf nu zou ik helemaal alleen instaan voor de verzorging van de baby's. Het overdonderde me. Ik was helemaal niet op mijn gemak en het ontbrak me aan zelfvertrouwen. Ik maakte me allerlei voorstellingen over al wat fout kon lopen. Meestal gebeurde dat dan ook. De baby's lagen bovendien gedurig te huilen. Alsof ze aanvoelden dat ik paniekerig en onzeker was. Hun gehuil maakte alles alleen maar erger, want geloof me, twee huilende baby's tegelijk troosten is allesbehalve eenvoudig. Terwijl ik met Fran op mijn arm rondliep in huis in een poging haar te sussen, krijste Simon de hele straat bij mekaar. Tilde ik hem uit zijn wiegje, dan was zij ontevreden. De baby's in bad stoppen was al even stresserend. Nochtans laten veel boeken over de verzorging van een tweeling uitschijnen dat dat helemaal niet zo moeilijk is. Dat het zelfs prettig is! Mijn felicitaties voor alle tweelingmoeders die er plezier in scheppen. Ik vond het maar niets. Een tweeling in bad stoppen is een zware klus als je er alleen voor staat, dat heb ik in de praktijk ondervonden. In het begin verliep alles nog rustig. Ik stopte een baby in bad terwijl de ander toekeek vanuit de relax. Maar als het iets te lang duurde, werd die laatste ongeduldig en begon hij of zij te huilen. Het verwarmingstoestel in de badkamer zorgde ondertussen voor een tropische temperatuur, al was het niet alleen daardoor dat het zweet op mijn voorhoofd stond. De huilende baby in de relax was het vuur aan de lont van een tweede huilende baby in bad. Hun decibels werden in de badkamer bovendien nog eens versterkt. Het leek wel of er me geen enkel plezierig moment was gegund. Tot overmaat van ramp kreeg ik de babyfoon nooit uitgeschakeld wanneer die bij een te hoge kamertemperatuur begon te biepen. Op de duur legde ik er een ijsblok tegen, kwestie van het ding wat af te koelen. Toen ik eindelijk ontdekte hoe je het systeem kon uitschakelen, was de nazomer al voorbij. Techniek was niet mijn sterkste kant. Dat besefte Erik blijkbaar niet toen hij op allerlei schakelaars in huis afstandsbedieningen zette. Hij wou me het leven wat makkelijker maken, maar aangezien al die apparaatjes bij mij nooit wilden marcheren, leidde het alleen maar tot meer stress en zenuwen.

Mijn kraamtijd was amper begonnen en nu al was duidelijk dat de dagen te kort zouden zijn. De nachten te lang. Al mijn tijd werd opgeslorpt door Fran en Simon. Dat kon trouwens niet anders: ze eisten die aandacht gewoon op, indien nodig met luide stem. Ondertussen snakte ik naar rust en naar wat tijd voor mezelf. Want wat bleef er nog over *voor* mij? Wat bleef er trouwens nog over *van* mij? Ik liep erbij als een verwelkte bloem. 's Morgens had ik amper tijd om een douche te nemen. De hele voormiddag liep ik rond in mijn badjas. Vreselijk vond ik dat. Wanneer ik 's middags dan toch een relatief rustig moment vond om me te wassen, haastte ik me om zo snel mogelijk weer bij de baby's te zijn. Stel je voor dat er weer een nieuwe serenade zou losbarsten! Dat wou ik koste wat het kost voorkomen. Desnoods ten koste van mezelf.

Alles stond in het teken van de tweeling. Dat maandelijkse kwartiertje onder de zonnebank mocht ik dus voorlopig vergeten. Een voormiddag relaxen in de kapperstoel was er niet meer bij. En mooie kleren moesten plaats maken voor kledij die best wat babyspuug of melkvlekken kon verdragen. Toegegeven, dit zijn geen levensnoodzakelijke dingen. In het licht van de komst van twee kleine wezentjes is dit alles van secundair belang. Maar in datzelfde licht waren deze kleine dingen voor mij ondertussen van levensbelang, wilde ik me zelf nog een beetje mens voelen. Het was een kwestie van als vrouw te overleven in de jungle van flesjes en pampers. Ik wilde niet ten allen tijde moeder zijn.

ONWEER OP KOMST

Hoezeer we ons ook inspanden om het de baby's naar hun zin te maken, ze leken nooit helemaal tevreden. We haalden zelfs de kerstverlichting van de zolder. Het was nog maar september. Erik hing de lichtjes boven hun wiegjes in een poging hen wat af te leiden. Maar het kon niet baten.

Vooral Simon huilde erg veel. Waarom? Daar hadden we het raden naar. Had hij honger? Was hij eenzaam? Kon best. Of misschien verveelde hij zich gewoon. Nochtans waren we constant met hem bezig. Waarom dan toch dat vele huilen? Was hij misschien ziek? Hij kon het ons niet vertellen. Zelf konden we dat moeilijk inschatten. Daarvoor stonden we er te dicht bij. Simon was een kleine, bleke baby, dat wel. Maar dat was hij al van in het begin. Daaruit konden we moeilijk iets afleiden.

Hoe dan ook, de nachten waren een hel. Simon was geen slechte slaper, hij sliep gewoon niet! Aanvankelijk dachten we dat hij honger had en dus probeerden we hem meermaals een flesje aan te bieden. Maar telkens weer draaide hij zijn hoofdje weg. Ondertussen bleef hij maar krijsen. De hele nacht. Zus Fran werd er rusteloos van. Ook zij werd telkens gewekt in haar slaap met alle gevolgen van dien. Het waren nachten om zo snel mogelijk te vergeten.

De tweeling was nog maar 10 dagen thuis en er was al zoveel gebeurd. Gelukkig kwam de vroedvrouw op dat moment nog aan huis. Zij had ondertussen een vermoeden dat er iets aan de hand was met Simon, maar ze had er ons nog niet over aangesproken. Toen wij haar vertelden dat we ons ook zorgen begonnen te maken, twijfelde ze niet meer. We moesten naar het ziekenhuis. Het werd het eerste van vele bezoeken aan de spoedafdeling.

Het was 14 september. Simon was nog geen maand oud. Toen we op de spoed aankwamen, reageerde hij niet veel meer. Hij was lusteloos en hij had een afwezige blik in zijn ogen. De kinderarts besloot hem meteen op te nemen op de pediatrie. Het was onze eerste kennismaking met de 'B5', zoals de gang daar door iedereen genoemd werd. Ik was er liever niet geweest. Of toch niet zo snel. We hadden Simon amper negen dagen thuis gehad. Had ik dan niet goed voor hem gezorgd? Was de jongen ziek geworden door iets wat ik wel of juist niet had gedaan? Waarom hadden we het niet zien aankomen? Dan hadden we sneller kunnen ingrijpen en zaten we hier misschien niet. Het waren gedachten die nergens toe leidden. Ik moest ophouden met nadenken en me concentreren op Simon. Hij was het allerbelangrijkste. De rest was verleden tijd.

De dokters en de verpleegkundigen vingen ons prima op. Zonder veel woorden stelden ze ons gerust. Simon kwam terecht in een van de babyboxen die rechtstreeks gecontroleerd werden door een verpleegkundige aan een aparte desk. Hij lag overigens ook aan een monitor die alarm zou slaan mocht er iets verkeerd gaan. En altijd was Erik of ik erbij. Ondertussen bleef een van ons beide thuis bij Fran. Zij was er ook nog.

Een eerste onderzoek wees uit dat Simon een urineweginfectie had.

Hij moest daarom intraveneus antibiotica toegediend krijgen. De medicatie deed zijn werk, maar toch bleef Simon ziekelijk bleek en heel erg afwezig. Wat hiervan aan de basis lag, zou duidelijk worden op een moment dat wij er net niet waren. Noch Erik, noch ik waren erbij toen Simon plots een zeer hoge hartslag ontwikkelde. De monitor had gelukkig alarm geslagen waardoor de verpleegkundigen in een mum van tijd bij hem waren. Bleek dat Simon anemie had, in die mate dat er meteen een bloedtransfusie nodig was. Ik vernam het pas toen ik na de middag terug aankwam op de pediatrie. Simon lag rustig te slapen in zijn bedje. Niets wees erop dat het even tevoren spannend was geweest. Ik kreeg het hele verhaal te horen toen alles al achter de rug was. Dat was wellicht maar best zo. Wat had ik kunnen doen, behalve panikeren en in de weg lopen van diegenen die wel iets konden doen.

Omdat zijn ogen af en toe leken weg te draaien, besloten de artsen bij Simon een slaaptest te doen. Wiegendood. Daar had ik nog niet aan gedacht. Was Simon een risicogeval? 'Laat het alsjeblief niet zo zijn,' dacht ik. Maar we moesten het natuurlijk wel weten. In het slechtste geval zouden we dan een toestel meekrijgen naar huis dat Simon zou volgen tijdens zijn slaap. Stopte hij met ademen, dan zou het toestel alarm slaan. Maar zelfs met die garantie, wist ik dat ik geen oog meer zou dicht doen. De nacht van de slaaptest geraakte ik maar niet in slaap. Ik had Simon in gedachten. Even tevoren had ik hem huilend achtergelaten in het ziekenhuis. Hij zat helemaal onder de draden en buisjes. Ik had nog geprobeerd hem te sussen, maar hij was ontroostbaar. 's Ochtends was ik al heel vroeg onderweg. Ik wou zo snel mogelijk verlost worden uit de onzekerheid. Simon lag nog te slapen. De draden en buisjes waren ondertussen verwijderd. Zo meteen zou ik vernemen hoe de nacht was verlopen. De verantwoordelijke arts wond er geen doekjes om. Simon was die nacht even gestopt met ademen. Ik wist niet waar ik het had. Was er ons dan geen rust gegund? Geen paniek, stelde de arts me gerust. Die nacht had Simon hoge koorts gehad en mogelijk was dat de oorzaak van het feit dat hij even de adem had ingehouden. We konden het enkel te weten komen door nog eens een slaaptest te doen. En dus werd Simon die avond opnieuw vastgesnoerd aan allerlei apparaten. Ik ging alweer een slapeloze nacht tegemoet. Gelukkig verging het Simon veel beter. Hij sliep en ademde de hele nacht door.

We konden ons nu weer helemaal focussen op zijn herstel. Dankzij de bloedtransfusie, in combinatie met antibiotica en andere medicijnen, kwam Simon er stilaan bovenop. Toch was het nog altijd een heel tenger en kwetsbaar ventje. Ook als hij straks naar huis zou komen, moesten we extra voorzichtig zijn. Ik verlangde er toch naar om Simon mee te nemen naar huis. De gezichten van de verpleegsters waren ons al te vertrouwd. We kenden het reilen en zeilen op de pediatrie al veel te goed. Het was een teken dat we er al veel te lang waren. Al wist ik dat de dokters hem niet langer in het ziekenhuis zouden houden dan nodig.

Na 12 dagen ziekenhuis mocht Simon eindelijk naar huis. Het was eind september. 'Zou die roze wolk er nu misschien eindelijk aankomen,' dacht ik in een zeldzame vlaag van optimisme. Veel tijd om te genieten van mijn tweeling had ik nog niet gehad. Helaas, het zou niet meteen verbeteren, ook al was de tweeling herenigd en waren we nu ook helemaal overgeschakeld op flesvoeding. Vooral Simon ondervond hinder van zijn nieuwe melk. Hij kreeg last van 'reflux' of het teruggeven van voeding, een probleem dat voorkomt bij nogal wat baby's. Het lijkt misschien een banaal probleem, maar voor een baby is het terugvloeien van voeding van de maag naar de slokdarm behoorlijk pijnlijk. De reflux ging bij Simon doorgaans gepaard met krampen. Hij huilde en stampte met zijn voetjes. In een poging hem van zijn kwaal te verlossen, probeerden we een andere babyvoeding. Het was het begin van een reis doorheen verschillende voedingsmerken. Toen ook dat geen soelaas bracht, dikten we zijn voeding aan met Johannesbroodpitmeel. Als dat de reflux kon wegnemen, dan moesten we hem enkel nog verlossen van zijn krampen. Daarvoor hadden we ondertussen venkeldruppels in huis gehaald. Een paar druppeltjes in zijn flesje en wie weet! We probeerden zoveel verschillende middeltjes uit, dat we op de duur niet meer wisten wat hielp en of het hielp. Of misschien zorgden al die middeltjes ervoor dat het probleem alleen maar verergerde. Op het einde van onze zoektocht (en ons Latijn!) gebruikten we geen Johannesbroodpitmeel meer. We deden venkeldruppels in zijn flesje als we het niet vergaten en Simon dronk sojavoeding. Hij vond soja niet echt lekker, zoveel was duidelijk, maar wij hadden de indruk dat hij zijn flesjes toch beter verteerde.

Meer konden we niet doen. Bovendien waren Simons spijsverteringsproblemen maar klein bier vergeleken met hetgeen hij ondertussen al meegemaakt had. Zijn eerste gezondheidsproblemen hadden trouwens ook bij mij hun tol geëist. Ik zat langzamerhand bijna door mijn energiereserves heen. Het eerste controlebezoek bij de gynaecoloog wees nochtans uit dat ik kerngezond was. Ik was moe, maar geldt dat niet voor alle jonge moeders? Ik voelde me slecht, maar hebben niet veel kersverse moeder last van babyblues, de een al wat langer dan de andere? Ik was dan wel niet meteen in staat om de boerentoren te beklimmen, over een paar maanden zou ik me veel fitter voelen, zo verzekerde de gynaecoloog me. Tegelijk drukte ze me op het hart dat ik goed voor mezelf moest zorgen.

Ik was gerustgesteld. Voor heel even. In de weken erna kwam er echter geen beterschap. Ik voelde mijn krachten verder afnemen. Nochtans hield ik vol dat alles goed met me ging, zelfs toen ik op een nacht de kracht niet meer vond om een pak babyvoeding open te trekken.

Ik had hulp nodig, al was het maar van iemand die me wat kon helpen met de baby's of met huishoudelijke taken. Erik en ik besloten een aanvraag te doen voor een gezinshulp. Kwestie dat ik toch een aantal maanden uit de grootste nood geholpen zou worden. Tot mijn grote vreugde kregen we een positief antwoord. Een aantal dagen per week zou er iemand telkens een paar uur komen helpen met de tweeling en met het huishouden. Het was een betaalbare oplossing en het bleek vooral een fantastische hulp.

De jonge vrouw die ingeschakeld werd, was een zegen (en dit woord neem ik maar zelden in de mond!). Ze was discreet, ijverig, lief en vooral geweldig met de tweeling. Ze stopte Fran en Simon in bad, poetste het huis, deed de strijk en maande mij aan om vooral wat rust te nemen terwijl ze er was. Ik volgde haar raad en probeerde in de mate van het mogelijke wat te rusten, al was dat niet makkelijk. Ik kon de adrenaline die door mijn lijf stroomde niet zomaar stil leggen.

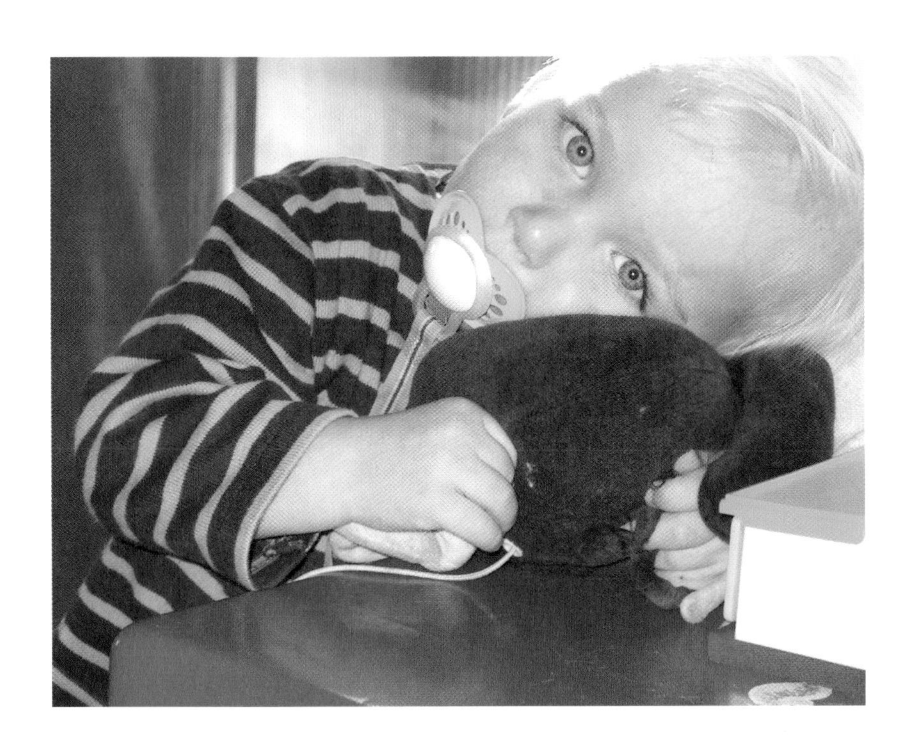

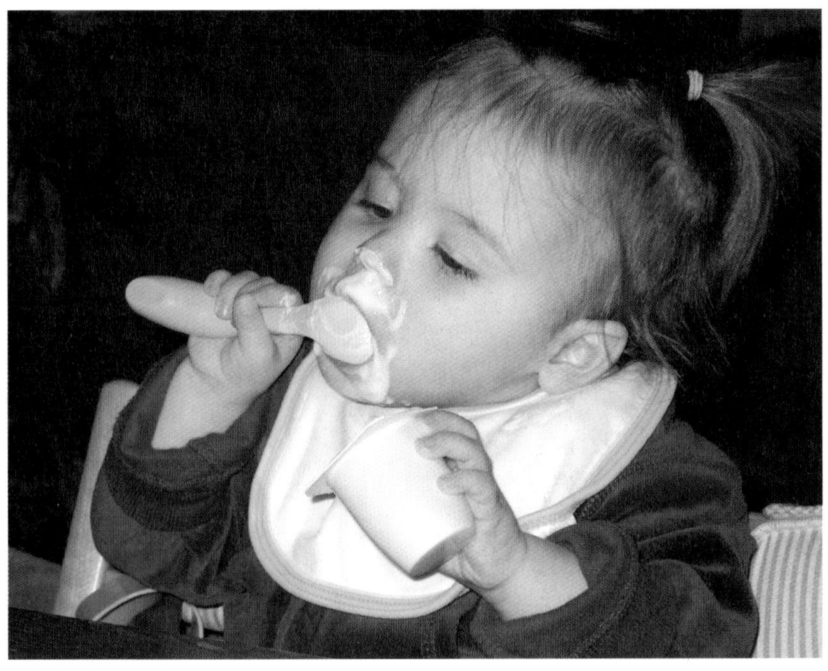

4

Onder hoogspanning

BABYFOONTERREUR

Had ik al een bepaalde grens overschreden? Zelfs de komst van een gezinshulp kon de negatieve spiraal waarin ik terecht gekomen was niet meer omkeren. Erik besloot een aantal maanden parttime ouderschapsverlof te nemen, maar ook dat kon het tij niet meer keren. Ik ging er langzaam onder door.

Ondanks mijn vermoeidheid raapte ik mijn moed bij mekaar en startte rond die tijd met postnatale oefeningen. Zelfs al was ik bevallen met een keizersnede, dan nog was het ook voor mij belangrijk om bekkenbodemoefeningen te doen. Bovendien kon ik wat spierversterkende buikspieroefeningen gebruiken, tenzij ik ambities had om voortaan als buideldier door het leven te gaan. Niet dus. Ik ging trouw naar elke sessie. Mijn inspanningen loonden. Maar terwijl ik op de behandeltafel van de kinesiste lag, was ik er nooit helemaal bij. De baby's lieten me niet los. Had Erik alles wel onder controle? Ik mocht hem en hen hoe dan ook niet te lang alleen laten. En zo was ik altijd gehaast en wou ik zo snel mogelijk terug naar huis. Ik kwam nergens meer tot rust.

Ik kon gewoon niet meer ontspannen. Een goede nachtrust had ik al maanden niet meer gehad. Dat lag niet alleen aan de tweeling, maar ook aan mezelf. Mijn gedachten stonden nooit meer stil. Elke nacht spookten dezelfde vragen door mijn hoofd. Ik hield de hele nacht gespannen de wacht. Wanneer zouden ze honger krijgen? Zouden ze vannacht veel huilen? Zou ik zelf wat kunnen slapen? Wie zou als eerste wakker worden? Dan zou het immers niet lang duren voor de tweede volgde en het hele circus opnieuw begon. Door het chronische slaapgebrek werd dat op de duur een beangstigende gedachte.

De babyfoon op onze slaapkamer was ook niet bevorderlijk voor de slaap. Het toestel registreerde elk geluid op de kinderkamer. Elke zucht, elke kreun, ja, zelfs elke ademhaling was glashelder en live te volgen via de babyfoon. Ik lag er op de duur naar te luisteren alsof het een radio was. Babyfoonterreur. 'Gooi dat ding toch buiten,' adviseerde de gynaecoloog, 'als je ze moet horen, dan zul je ze wel horen.' Ze had gelijk. Zelfs zonder babyfoon liet de tweeling niet na ons geregeld een seintje te geven dat het tijd was om op te staan. Ook al was het nog geen ochtend.

De baby's sliepen samen op een kamer. Die hadden we speciaal voor hen ingericht. We hadden de muren lichtblauw geschilderd en met sjablonen hadden we bloemen op de muren aangebracht. Zowel meisjes als jongens houden van bloemen, niet? De twee bedjes stonden op een goede afstand van mekaar. Tussenin enkele kastjes en een rek waar een aantal knuffels een plek konden krijgen. De kamer zag er precies uit zoals we het wilden. Helaas verliep het slapen niet op dezelfde manier. Al snel bleek dat Simon enkel met veel lawaai en geknor in slaap kon vallen. Zus Fran daarentegen was een rustig type en kon enkel in volledige stilte de slaap vatten. Beiden op één kamer laten slapen was niet vol te houden, omwille van de baby's, maar ook omwille van onze eigen rust. Wat in het begin zo logisch leek – een tweeling deelt dezelfde kamer – bleek onmogelijk. Fran mocht uiteindelijk op de kinderkamer blijven; Simon verhuisde naar het bureautje ernaast. Hij slaapt er – nog altijd – temidden van rekken vol filosofie-, kunst- en reisboeken, omringd door zijn allerliefste knuffels.

De scheiding van de tweeling 's nachts bracht beterschap, maar toch bleven de nachten bijzonder zwaar. Kwam daarbij dat ik maar traag of zelfs niet recupereerde; er volgde zelfs een maag- en darmontsteking. Ik voelde me misselijk en het moet gezegd, mijn stoelgang was allesbehalve oké. Ik dwaalde in mijn badjas door het huis, wachtend op de huisarts die ik had opgebeld en die me hopelijk een snelwerkend spuitje zou geven. Als hij me maar van dat beklemmend gevoel kon verlossen. Wachten op de huisarts kan lang duren als je je ziek voelt. Als hij je dan nog niet kan helpen, dan voel je je helemaal bekaaid. Had ik wel een maag- en darmontsteking? Het zou kunnen, maar waarom hielp dan geen enkel medicijn? Dagenlang liep ik doelloos door het huis. Het gehuil van de tweeling was in de miserabele toestand waarin ik me bevond ondraaglijk. Ik zou het niet lang meer volhouden. Er mocht hoe dan ook niet veel meer fout lopen.

Op 11 oktober, de tweeling was nog geen twee maanden, werden ze allebei opgenomen in het ziekenhuis. Zowel Fran als Simon had een acute gastro-enteritis opgelopen ten gevolge van het adenovirus. Hun maagje lag volledig overhoop. De infectie ging gepaard met hoesten, braken en diarree. Bovendien was hun eetlust aanzienlijk verminderd. In combinatie met hun al lage lichaamsgewicht was dat bijzonder gevaarlijk. Omdat ze begonnen af te vallen en vooral om te voorkomen dat ze gedehydreerd zouden geraken, werden ze aan een infuus gelegd. Fran moest bovendien voeding via een sonde krijgen. Het leek wel of we terug naar af waren. Hun allereerste verblijf in het ziekenhuis kwam meteen in een flashback terug.

Dat de tweeling opnieuw in het ziekenhuis lag, was een enorme frustratie. De vorige ziekenhuisopname van Simon lag nog vers in het geheugen. Ik wist hoe zwaar het toen was geweest. Ik kon me de dagelijkse autoritten van en naar het ziekenhuis nog helder voor de geest halen. Of het lange wachten op nieuws van de dokter. Het was deze keer niet anders. De kinderarts deed zijn uiterste best om me geregeld op de hoogte te brengen van de toestand van de tweeling, maar telkens hij langs geweest was, zat ik alweer te wachten.

De dagen in het ziekenhuis duurden eindeloos lang. Ik zat gekluisterd aan de bedjes van de tweeling. Als ik de kamer even verliet, dan was dat om een beker koffie te halen in de gang verderop. Koffie die me niet eens smaakte. 's Middags ging ik naar huis, kwestie van even uit de ziekenhuissfeer weg te zijn en wat buitenlucht op te snuiven. Nog maar thuis gekomen, belde ik de pediatrie al om te horen hoe het met Fran en Simon ging. Meteen daarna hing ik aan de lijn met mijn moeder om verslag uit te brengen van de toestand. Wou ik een hapje eten, dan kon ik dat best over de middag doen. Maar veel eetlust had ik niet. Ik wou zo snel mogelijk terug naar het ziekenhuis. Een half uurtje later zat ik opnieuw in de auto. Straks zou de namiddagshift beginnen volgens alweer hetzelfde scenario. De baby's waren ongelukkig en huilden veel. Ik kon ze meestal niet troosten. De verpleegsters probeerden me te helpen en namen de baby's geregeld van me over. Zij slaagden er vaak wel in om de tweeling te bedaren. Tot mijn grote vreugde, maar tegelijk tot mijn grote frustratie. Waarom wou het bij mij maar niet lukken? Was ik dan toch niet voor het moederschap in de wieg gelegd? Het kwam niet in me op dat veel verpleegsters een jarenlange ervaring hebben met zieke baby's. Ik werd gekweld door schuldgevoelens en ik stelde teveel in vraag. Samen met de uitputting begon dat aan me te vreten.

Vijf dagen nadat de tweeling in het ziekenhuis was opgenomen, reden Erik en ik er met de auto naartoe toen ik plots ziek werd. Ik voelde me ineens ontzettend misselijk en kon de autorit nog moeilijk verdragen. Zelfs toen ik eindelijk kon uitstappen, bleek het misselijke gevoel niet weg te trekken. Ik stond buiten in open ruimte maar had een beklemd gevoel. De muren, de bomen, de mensen, alles leek op me af te komen. Het was beangstigend. Ik raakte in paniek.

Ik moest zo snel mogelijk naar de baby's toe. Wie weet zou dat voor afleiding zorgen en zouden de nare symptomen dan spontaan verdwijnen. Maar het mocht niet baten. Zelfs in het kamertje van de tweeling begon ik naar adem te happen, terwijl ik eigenlijk al te veel ademde, want ik begon zwaar te hyperventileren. Ik kreeg een droge mond, mijn oren begonnen te suizen en ik duizelde. Ik had mezelf niet meer onder controle.

Een verpleegster die de bui had zien hangen, kwam de kamer binnen met een plastiekzakje in de hand. Als ik zou proberen om daarin te ademen, dan zou alvast de aanval van hyperventilatie verdwijnen. Een tweede verpleegster bracht een rolstoel, want ik zou me best toch even laten nakijken op de spoedafdeling. Ik voelde me ellendig. Ik stond in de schijnwerpers op een moment dat ik dat echt niet wilde. Als iedereen me nu eens gerust zou laten. Maar dat was uitgesloten, want ik kon mezelf niet meer helpen.

Het was 16 oktober. De baby's waren precies twee maanden oud. 'Op die leeftijd heeft een kind zijn moeder het hardst nodig,' dacht ik. Maar ik was er niet voor hen. Ik lag op de spoedafdeling, versuft van het kalmeermiddel dat ze me daar meteen toedienden. Ik onderging een reeks onderzoeken, al lag de diagnose vooraf al vast. 'Je stevent recht op een postnatale depressie af,' zei de spoedarts. Hij twijfelde er geen seconde aan. Maar wat voor de artsen meer dan duidelijk was, wou ik zelf niet geloven. Ik? Een postnatale depressie? Ben je gek! Zoiets overkomt mij niet. Ik heb even een dipje, dat wel. Maar ik sla mij er wel doorheen. Trouwens, ik voelde me al een stuk rustiger nu ik op de spoed was. Ondanks de drukte op de afdeling, de vele geluiden van allerlei medische toestellen en het heen- en weer geren van verpleegkundigen, had de spoed een rustgevend effect op me. Alsof ik me plots beschermd en veilig voelde. Hier was ik in goede handen.

Een nachtje rust en ik ben weer de oude. Die rust kreeg ik want het ziekenhuis drong erop aan dat ik een nacht in observatie zou blijven. Ik dronk thee, maakte zelfs grappen met verplegers en artsen. Ik deed alles, behalve toegeven dat ik in een diepe put zat. Het zou niet makkelijk worden om eruit te geraken. Al wist ik dat toen nog niet...

Die nacht sliep ik opvallend goed, hoewel ik nu en dan gestoord werd door een verpleegster die kwam controleren of alles goed ging. Toen ik 's morgens wakker werd, was ik niet helemaal uitgeslapen, maar het paniekerige gevoel was verdwenen. Het was een opluchting. Wie sprak er van een postnatale depressie? Ik had enkel een nachtje rust nodig gehad. En dus vertrok ik met volle moed, eerst naar de kinderen en daarna naar huis. Ik nam me voor om de rest van de dag thuis te blijven om eens goed uit te rusten. Zo zou ik de volgende dagen weer met opgeladen batterijen naar Fran en Simon toe kunnen. Maar naarmate het later op de avond werd, kreeg ik het weer lastig. Rusteloos rende ik de trappen op en af. Alsof ik me moest bezighouden. Stilstaan betekende tilt slaan. En net dat gebeurde. Ik raakte opnieuw over mijn toerental. Mijn hart bonsde door heel mijn lijf. Ik probeerde even op bed te gaan liggen om – wie weet – wat te bedaren. Maar het was hopeloos. Ik draaide en keerde in mijn bed. Mijn benen leken een eigen leven te leiden. Ik kon ze niet stilhouden. Zo onrustig was ik. Het duurde niet lang of ik crashte... alweer.

Wat kon ik doen? Terugkeren naar het ziekenhuis? Geen denken aan. Ik had me de dag ervoor al zo geschaamd temidden van alle dokters en verpleegkundigen. Ze hadden me zo kwetsbaar gezien en dat vond ik een vreselijke gedachte. Nog erger was het idee dat ik daar vanavond opnieuw zou aankomen. Ze zouden ze me wellicht helemaal voor gek verklaren. Niet ten onrechte. Ik mocht er niet aan denken. Als ik het nog een paar uur kon volhouden. Uiteindelijk zou ik toch in slaap vallen... Maar slapen kon ik niet. Het was alsof er teveel adrenaline door mijn lijf pompte. Ik zat verkrampt in de zetel en staarde naar de televisie. Bewegende beelden die voor afleiding moesten zorgen. De minuten kropen voorbij. Ik had de moed niet meer om naar de klok te kijken. Ik wist hoe laat het was.

Tegen middernacht waren Erik en ik terug op de spoedafdeling. Meteen kwam er een verpleger aangelopen. Ik herkende hem. Hij had de dag voordien ook al dienst gehad. Ik durfde hem bijna niet aan te kijken. Een gevoel van schaamte maakte zich van mij meester. Waarom moest dit mij overkomen? Maar in plaats van me te beklagen, kon ik me er maar beter bij neerleggen. Ik had de situatie niet meer in de hand. Zeker nadat ik opnieuw een kalmeerpil had gekregen, was ik de uitputting nabij. Ik voelde me helemaal leeg. Was het dan toch een postnatale depressie die om de hoek loerde? Ik kon me maar beter een paar dagen laten opnemen in het ziekenhuis, klonk het advies van de arts. Ik verzette me er niet langer tegen. Ik had het gevecht verloren. Of was het nog maar pas begonnen?

EEN WEEKJE RUST

Mijn kamer bevond zich gelukkig in de buurt van de pediatrie. Op die manier kon ik af en toe naar Fran en Simon gaan kijken, die nog altijd kampten met het adenovirus. De eerste keer dat ik opnieuw op de kinderafdeling kwam, voelde ik me onwennig. De verpleegsters kwamen geregeld informeren naar mijn gezondheidstoestand. Al stelde ik hun bezorgdheid op prijs, toch kon ik me niet van het idee ontdoen dat al die aandacht niet op zijn plaats was. Het ging in eerste instantie toch om de tweeling? Dat ik hier toevallig ook op een kamer lag, moest niet teveel benadrukt worden. 'Ik' wou er althans zo weinig mogelijk aan denken.

Het ging opvallend goed die eerste dagen. Gerustgesteld door de veilige omgeving van het ziekenhuis, kreeg ik zelfs de indruk wat te recupereren. Van het paniekerige gevoel was ik voorlopig verlost. Ook over de baby's hoefde ik me niet echt zorgen te maken. Ze waren aan de beterhand en ik had het volste vertrouwen in het personeel van de pediatrie. En wou ik naar de tweeling toe, dan moest ik enkel een paar gangen door.

Zo eenvoudig was het. Of toch niet. Eten ging immers maar moeizaam. Terwijl ik voordien moeiteloos een groot pak frieten naar binnen kon werken, leek nu zelfs een bescheiden belegd broodje onoverkomelijk. Een potje yoghurt lukte nog net. Maar ondanks de yoghurt toonde een reeks testen aan dat ik door mijn voorraad eiwitten heen zat. De diëtiste van het ziekenhuis zou me helpen om mijn eetgewoontes langzaamaan weer recht te trekken. Ze raadde me ook aan om eiwit uit blik toe te voegen aan alle zuivel die ik de komende weken zou drinken of eten. Ik zag de honderden potjes yoghurt en pudding al aanrukken. Nu moest ik ze nog naar binnen krijgen...

De rust van de eerste dagen van mijn opname stond in schril contrast met de onrust die me opnieuw overviel naarmate mijn ontslag uit het ziekenhuis naderde. Ik werd weer misselijk, er werd een maag- en darmspecialist bij geroepen, maar die vond geen lichamelijke oorzaak. De symptomen wezen niet op een maagontsteking en ook een maagzweer was uitgesloten, zo zei hij. Dat kon toch niet, reageerde ik. Er moest toch iets mis met me zijn. Ik verzon dit niet! Het probleem zat niet in mijn hoofd. Ik voelde het in mijn hele lijf. Maar hoezeer ik ook protesteerde, meer dan een kalmeerpilletje kreeg ik niet.

Als ik nu eens een korte wandeling zou maken met Erik, stelde een verpleegster voor. Misschien zou dat deugd doen. We volgden haar advies op en zochten in de buurt van het ziekenhuis wat groen op. Wandelen is iets waarvan ik doorgaans enorm kan genieten. Maar nu was het een hel. Voortdurend liep ik te kokhalzen. In mijn hoofd heerste een drukte die ik niet meer aankon. Na een kleine tien minuten waren we al opnieuw op weg naar het ziekenhuis. Misschien zou ik in de kamer weer wat bedaren. Of misschien viel ik straks wel in slaap. Ik maakte mezelf zoveel wijs.

Morgen zou ik ontslagen worden uit het ziekenhuis. Dat wist ik. Maar tegelijk besefte ik dat ik niet in staat was om naar huis te gaan. Waar moest ik dan heen? Bijzonder snel zou ik een antwoord krijgen. Die avond kwam de hoofdarts me melden dat er elders in het ziekenhuis een kamer voor me vrij was. 'Maakt het dan iets uit op welke kamer ik lig,' vroeg ik. Mijn problemen blijven toch dezelfde. Waar was die kamer? Erik had het al lang begrepen. Zelf moest ik het nu ook onder ogen zien. Ik kon enkel nog geholpen worden op de afdeling psychiatrie.

Nog geen half uur later kwam de verpleegster met een grote plastieken tas waarin ik al mijn spullen kwijt kon. Meteen daarna vertrokken we richting psychiatrie. Op weg naar de lift probeerde ik mijn verdriet te verbijten. Staarde gedurig naar de vloer. Als een geslagen hond. Maar ook om mijn gezicht te verbergen. Ik wilde niet dat iemand me herkende en mocht dat toch gebeuren, dan wou ik dat niemand zag hoe wanhopig ik was.

Het was een meevaller dat ik mijn kamer vlakbij de ingang kreeg, zo moest ik niet telkens de hele gang door. Ik kon me als het ware verstoppen. Een enorme opluchting. Maar het was meteen het enige positieve punt dat ik in heel mijn situatie kon ontwaren. Ik was opgenomen in de psychiatrie. De psychiatrie! Ik kreeg het woord amper over mijn lippen. Toen ik bovendien nog eens al mijn medicatie moest afgeven, kon ik mijn tranen niet meer bedwingen. Zelfs zoiets persoonlijks als mijn anticonceptiepil mocht ik niet bijhouden. Wat dachten ze dat ik van plan was? Dat ik een overdosis hormonen zou nemen? Dat ik me van kant zou maken? Kom nou! Ik was net moeder geworden van een tweeling. Ik zou geen gekke dingen gaan doen. Ik zat dan wel in de put, maar negatieve gedachten had ik niet. Ik zag mijn tweeling doodgraag. En ik hield zelf enorm van het leven. Ik wou niet dood. Maar hoe heftig ik ook protesteerde, ik moest alles afgeven. Ik heb me nooit zo radeloos gevoeld als toen.

PILLEN EN PSYCHIATERS

Uiteindelijk gaf ik me over aan de psychiaters en de verpleegkundigen. Al geloofde ik niet dat iemand me er nog doorheen kon helpen. Ik was overmand door zo'n intens gevoel van angst. 'Hier geraak ik nooit meer uit,' dacht ik. Dat was uiteraard een irrationele gedachte, maar toen wist ik niet beter.

Na een aantal gesprekken stelde de psychiater zijn diagnose. 'Fysieke decompensatie,' zei hij. Wij noemen het een postnatale depressie of wat de dokters ook wel een 'maternele depressie' noemen. Die laatste uitdrukking had ik nog nooit gehoord. Al wist ik wat het betekende. Fysiek en mentaal zat ik in de knoop. De psychiater startte verschillende soorten medicatie op en kwam ook de dagen nadien langs om te vernemen hoe het met me ging. Op basis daarvan kon hij de medicatie indien nodig bijsturen. Als ik bedenk hoeveel pillen ik toen slikte! Een normaal mens zou allang niet meer uit zijn bed geraken. Maar mijn mentale toestand kon die pillenmassa aan. Ik bleef – trillend – op mijn benen staan.

Uren duurde het elke avond vooraleer ik de slaap kon vatten. 's Nachts werd ik geregeld wakker. Klaarwakker. De gedachtentrein spoorde meteen door mijn brein. Als ik dan na veel woelen opnieuw kon inslapen, wist ik dat het slechts voor even was. 's Morgens werd ik gewekt door de verpleegster die mijn eerste pillen bracht. Het was telkens weer een confrontatie met de harde realiteit. Het duurde niet lang voor ik weer een eerste angstaanval kreeg. Zonder aanleiding. Het waren mijn gedachten die meestal op hol sloegen. Soms was de angst voor een aanval al genoeg om een aanval uit te lokken. Ik werd paniekerig en ik begon te hyperventileren. De dag was nog maar begonnen.

Van de psychiater kreeg ik pillen, van de psycholoog veel goede raad. Zijn bureau bevond zich midden op de gang. De eerste keer ging ik er schoorvoetend naartoe. Ik voelde me nu eenmaal niet thuis op de psychiatrie, al was ik er toen natuurlijk perfect op mijn plaats. De psycholoog stelde ontzettend veel vragen, in die mate dat ik me er soms ongemakkelijk bij voelde. Ik werd gewaar hoe hij voortdurend probeerde op me in te praten. In alle rust. 'Hij heeft alles voor mooi mekaar,' dacht ik. Maar ik zat diep in de shit. Dat ik de situatie niet meer onder controle had, was iets waar ik me moeilijk mee kon verzoenen. Ik was altijd diegene geweest die alles regelde en organiseerde. Ik beheerste de situatie altijd en overal. Sophie de controlefreak. Ze was alle controle verloren.

Als ik mijn ademhaling nu eens terug onder controle zou krijgen. Dat zou alvast een goed begin zijn. 'Bijvoorbeeld een paar ademhalingsoefeningen,' zei de psycholoog. Hij legde uit hoe ik een hele lichamelijke procedure moest doorlopen om het ultieme punt van rust te bereiken. Van kop tot teen. Mijn hoofd moest worden leeggemaakt. Me bewust worden van mijn vingers en tenen en mijn handen en voeten om die vervolgens helemaal te ontspannen. Zo zou ik al mijn ledematen tot rust laten komen. Alsof ik vederlicht was. Het klonk zo mooi in theorie, maar in de praktijk kwam er niet veel van terecht. Probeer je hoofd maar eens leeg te maken als alles daarboven draait als een tol. Dacht die psycholoog dat ik middenin een aanval van hyperventilatie in staat was om rustig tot tien te tellen? Me bewust worden van mezelf? Op zo'n moment wenste ik meestal dat iemand me een spuit zou geven zodat ik meteen alle bewustzijn zou verliezen.

Vooral de ochtenden en de avonden waren lastig. Overdag scheen ik het nog enigszins te redden. Mijn schoonzus bracht een stapel boeken van Pieter Aspe, een auteur die ik wel kende, maar van wie ik nog nooit een letter gelezen had. Aanvankelijk had ik de kracht niet om ook maar een boek open te slaan. Ik kon me helemaal niet concentreren. En eerlijk gezegd, het interesseerde me gewoon niet. Maar toen ik na een paar dagen wat rustiger werd, voelde ik toch de behoefte om eens iets anders te doen. Een boek lezen. Het lukte me overigens wonderwel. Voor ik het wist, had ik 'Het vierkant van de wraak' uit. Het bleef niet bij die ene Aspe.

Ondertussen nam ik geregeld de lift naar de 5de verdieping, waar de baby's nog altijd behandeld werden voor het adenovirus. De ergste gevolgen van de acute gastro-enteritis waren geweken, maar vooral Simon had geregeld hevige huilbuien. Eigenlijk was hij sinds zijn geboorte nog niet opgehouden met huilen. Het was ongetwijfeld een van de redenen dat ik in een depressie was geraakt. Het ziekenhuis deed een grondig onderzoek. Was Simon een huilbaby? Om dat te achterhalen, moest ik allerlei vragen beantwoorden, ook schriftelijk. Maar na een evaluatie bleek dat hij niet tot die categorie behoorde. Nam niet weg dat Simon soms ontroostbaar was. Maar daar bleken zijn vroegere medische problemen voor iets tussen te zitten. Bovendien was hij herstellende van een gastro-enteritis en wellicht ondervond hij ook daar nog flink wat hinder van.

Zelf was ik ook fysiek verre van hersteld. Vooral eten deed ik nog niet zoals voorheen. Het kostte zoveel moeite. Echt veel variatie stond er overigens niet op het menu. Wat desserts betreft kreeg ik yoghurt, yoghurt en nog eens yoghurt. De potjes stapelden zich op in het kleine frigootje op mijn kamer. Ik kon de aanvoer niet verwerken. Ook suiker hoopte zich op... in de lade van mijn nachtkastje. Op suiker ben ik niet zo gesteld. Dat ik die momenteel hard nodig had, kwam niet in me op. Gelukkig kreeg ik 's morgens af en toe ook warme vanillepudding. Wat voor spul ze daarin deden, weet ik niet. Maar ik was er dol op. Zelfs de paar scheppen eiwit uit blik konden de smaak niet bederven. 's Avonds ging ik meestal slapen met een kopje citroenthee. Een nieuwe gewoonte, want voordien was ik nooit echt wild geweest van thee. En al ontwikkelde ik op die manier een aantal eigen rituelen in het ziekenhuis, toch begon ik te verlangen naar huis. Na een paar weken maakte ik voor mezelf de balans op. Overdag ging het redelijk goed met me. Enkel 's ochtends en 's avonds was het nog problematisch. Maar ik was vastbesloten om ook die slechte momenten te overwinnen. Dus wie of wat zou me tegenhouden indien ik wou vertrekken. Wou ik naar huis? Ja. Kon ik dat? Eigenlijk niet. Maar ik wist dat de baby's eerstdaags uit het ziekenhuis zouden worden ontslagen. Daarom wou ik ook absoluut naar huis. De dokters probeerden op me in te praten en ook de verpleegsters waren ervan overtuigd dat ik beter nog een tijdje kon blijven. Meerdere keren kreeg ik het te horen. 'Wat ga je doen?', vroeg een verpleegster. 'Naar huis gaan, opnieuw gaan werken en een aanval krijgen terwijl je aan het presenteren bent op het scherm?' Ze had gelijk. Maar mijn baby's gingen naar huis, ik moest met hen mee! Een paar dagen later pakte ik mijn koffer en verliet ik het ziekenhuis. Normaal gezien houd ik de dagen niet bij, maar toen deed ik dat wel. Het was 6 november. Ik had het niet verwacht, maar ik was eigenlijk vrij rustig toen ik de deur van de ziekenhuiskamer achter me dicht trok. 'Nu zou alles beter gaan,' dacht ik. Eens terug thuis zou ik snel opnieuw in mijn normale 'doen' geraken. Oef, de voorbije maanden kon ik als een nachtmerrie achter mij laten.

Alles had ik ervoor over om mijn terugkeer thuis te doen slagen. Maar ik had tijd nodig om me opnieuw aan te passen, iets wat de baby's me echter niet konden gunnen. Dat hun mama het zo lastig had, konden die kleintjes niet weten. Van de ene dag op de andere werd ik ondergedompeld in een regelrechte kinderkribbe. En Fran en Simon die zelf nog moesten wennen aan het feit dat ze weer thuis waren, hielden zich niet in. Simon zette zijn keel open zodra ik een voet in huis zette. Fran volgde met een paar decibels vertraging. Ik wist niet waar kruipen om aan het gekrijs te ontsnappen. Want dat wou ik, zo snel mogelijk weg geraken! Ik kon het gehuil niet verdragen. De muren leken op me af te komen en ik kreeg het benauwd. 'Ga even naar buiten,' zei Erik. Maar ook dat hielp niet. Hoe stil het buiten ook was, in mijn hoofd was het lawaaierig en druk. Ik kon het niet aan. Nog niet. Maar blijkbaar moest ik dat eerst voelen voor ik het wou geloven. Op 9 november werd ik opnieuw opgenomen op de psychiatrie. In dezelfde kamer. Alsof ze wisten dat ik terug zou komen.

Ik voelde me compleet mislukt. Zelfmedelijden? Niets van! Ik was vooral kwaad op mezelf. Ik kon er niet zijn voor Erik en nu kreeg hij ook nog eens de volledige zorg voor de baby's op zich. Hij had de tweeling gekregen op zijn vijftigste, al kon je dit bezwaarlijk nog een geschenk noemen, vond ik. Was Erik dan niet moe? Hij deed zich wel voor als superman, maar voor hem moest dit toch ook ontzettend belastend zijn. Wie weet kreeg hij straks wel hartproblemen of nog erger, een hartstilstand. Ik beeldde me de meest vreselijke scenario's in, maar Erik wou er niet van horen. 'Zorg nu maar eerst voor jezelf en laat de rest aan mij over,' zei hij. Hij zou zelf wel bepalen wat hij al of niet aankon. Die rekening moest ik niet maken. Bovendien zouden ook mijn ouders zoveel mogelijk inspringen. Dat kon me niet geruststellen. Niets kon me geruststellen.

Aangezien ik er maar een paar dagen 'uit' was geweest, zat ik snel weer in de routine. Elke dag kwam de psychiater even polshoogte nemen en de gesprekken met de psycholoog kwamen ook weer op gang. In de vooravond kwam Erik meestal op bezoek. Hij kon nooit lang blijven, want hij moest thuis voor Fran en Simon gaan zorgen. Een zeldzame keer bracht hij de tweeling mee in hun maxicosi. Ideaal was dat niet. Mijn kamer was niet voorzien op de verzorging van twee kleine baby's. Bovendien is een ziekenhuis geen plaats voor gezonde kinderen. Maar die enkele keren was ik wel blij om ze te zien. Want hoewel ik nog maar amper de kans had gekregen om hen te leren kennen, miste ik Fran en Simon.

Nogal wat mensen waren ervan op de hoogte dat ik in het ziekenhuis lag, maar slechts een handvol vrienden wist wat er werkelijk aan de hand was. Enkele vriendinnen kwamen op bezoek. Ik betrapte me erop dat ik me tegenover hen verontschuldigde voor de plaats waar ik was. Alsof ik me moest schamen. Nochtans leken zij het doodnormaal te vinden. Een goede vriendin die ook moeder van een tweeling is, vertelde me dat ze na de geboorte van haar baby's ook een moeilijke periode had doorgemaakt. Het was de allereerste keer dat ze me erover vertelde. Nochtans kennen we elkaar al jaren. Haar tweeling had ik zien opgroeien tot de prille twintigers die ze nu zijn. We hadden het zo vaak over hen gehad, maar nooit over haar. Hoe voelde zij zich de eerste maanden en jaren na de bevalling? Het was nooit ter sprake gekomen. Over depressies begin je nu eenmaal niet spontaan te praten. Ook ik bleef het er moeilijk mee hebben. Een collega belde me op om te horen hoe het met me ging. Hij had vernomen dat ik ziek was. 'Maak je maar geen zorgen,' stelde ik hem gerust, 'ik heb gewoon wat eiwitten tekort'. Schone schijn.

Mijn ouders kwamen nagenoeg niet op bezoek. Zij hadden de handen vol met de opvang van de tweeling wanneer Erik er niet was. Bovendien had ik liever dat ze niet kwamen. Ik wou hen de confrontatie met de psychiatrie besparen. Die zeldzame keren dat ze me bezochten, had ik het moeilijk. Het was ongetwijfeld voor hen ook niet prettig om hun dochter in zo'n toestand aan te treffen. Liever had ik dat ze me op gelukkiger momenten zagen. We hadden wel veel contact via de telefoon. Elke avond belde ik met mijn moeder. Telkens weer met het hetzelfde verhaal: 'Nooit geraak ik hier nog weg.' Ik was radeloos. Zij probeerde me moed in te spreken. Maar vaak hoorde ik hoe aan de andere kant van de lijn haar stem stokte. Ook voor mijn ouders was het een periode van kopzorgen.

DUBBELLEVEN

Voor de allereerste keer zag ik een lichtpunt aan het eind van de tunnel toen ik na ongeveer een week mocht proberen om af en toe overdag naar huis te gaan. 'Proberen', want ik moest het opnieuw leren. Het zou niet makkelijk zijn om opnieuw buiten de beschermde omgeving van het ziekenhuis te komen. Dat betekende immers dat ik op eigen benen moest staan. De eerste stap zette ik door 's avonds met Erik een hapje te gaan eten in een brasserie in de buurt van het ziekenhuis. Voor mij was dat een eerste test. Kon ik de drukte van de brasserie wel aan? Was er niet teveel geroezemoes? Kon ik het hoofd koel en vooral kalm houden? Na ongeveer een uurtje, vertrok ik met een goed gevoel terug naar het ziekenhuis. Voorlopig sliep ik daar het best. Deze eerste confrontatie met de buitenwereld was echter goed verlopen. Het gaf me wat meer zelfvertrouwen.

De eerste keer naar huis gaan bleek een zwaardere beproeving. Kort na de middag stapte ik voor het eerst weer alleen naar mijn auto. Wat ik doorgaans vanuit een soort automatisme doe, beleefde ik ineens heel bewust. De deur openen. De sleutel in het contact steken. Onderweg de eerste borden lezen die de richting naar mijn dorp aangaven. Ondertussen maakte ik me allerlei voorstellingen van hoe mijn thuiskomst zou zijn. Het weerzien met de kinderen. Erik had me verteld dat ze ondertussen al begonnen te glimlachen. Zouden ze dat ook naar mij doen? Zouden ze hun mama nog herkennen? Het maakte me heel onzeker. Om de tijd te rekken, stopte ik nog bij de bakkerij om broodjes te kopen. Ik was ontzettend zenuwachtig. Het werd er niet beter op toen ik even later aan de deur van ons huis stond. Ik was terug in mijn vertrouwde omgeving. En toch voelde ik me vreemd. Het was zo lang geleden. Fran en Simon zaten in hun relax en lachten naar me. Dan toch!

Die eerste momenten thuis verliepen redelijk goed. De baby's waren rustig – oef! – en Erik stelde alles in het werk om dat zo te houden. Maar ook hij wist dat het straks weer hectischer zou worden. Dat de baby's zouden huilen – doen alle baby's dat niet? – en straks weer gevoed en verschoond moesten worden. Dat zou niet in de meest serene sfeer verlopen. Het was zeer de vraag hoe ik daarop zou reageren. Bovendien hoefde er niet altijd een aanleiding te zijn om een paniekaanval te krijgen. Want als ik in het ziekenhuis de pedalen verloor, kwam dat niet door de tweeling. De paniek sloeg gewoon toe. Gewoon.

Dat het thuis niet meteen allemaal perfect zou verlopen, wist ik op voorhand. Nog geen uur na mijn aankomst thuis, reageerde ik paniekerig. Dramatisch zelfs. Erik speelde het hard. 'Als je je zo gedraagt, heb ik liever dat je in het ziekenhuis blijft. Op die manier wil ik je niet thuis.' Hij zei het voor mijn bestwil. Ik had die harde aanpak nodig. Wou ik mijn zelfstandigheid terugwinnen, dan moest iemand me af en toe een duwtje geven. Hoe hard dat ook mocht aankomen. Het leek wel of Erik het tevoren op een akkoordje had gegooid met een van zijn beste vrienden, een psychiater. Die was immers ook niet mals voor me. 'Hou er toch mee op,' zei hij eens nadat ik een zoveelste klaaglitanie had afgestoken. Volgens hem moest ik niet op Erik rekenen. Ook een berg pillen zou me er niet doorheen helpen. Ik moest het zelf doen, op eigen kracht realiseren. Een grote meid zorgt voor zichzelf. Desnoods moest ik maar verhuizen en voorlopig alleen gaan wonen. Dan zou ik er pas echt alleen voor staan. Ik geloofde mijn eigen oren niet, maar was nog meer verbouwereerd toen zelfs Erik de indruk gaf dat hij geen bezwaar had tegen dat idee. Erik en hij, het waren harde jongens.

Verhuizen deed ik niet. Maar ik wist ondertussen wel dat het tijd was om me te 'vermannen', wat in dit geval betekende dat ik alles in de strijd moest gooien om er snel weer te staan als moeder en als vrouw. Volhouden was de boodschap en dus ging ik elke dag naar huis, zelfs wanneer ik me wat minder voelde. Telkens als ik een aanval voelde opkomen, zocht ik naar iets wat me kon afleiden. Liefst in het gezelschap van iemand, want het deed me goed om te kunnen praten. Een vriendin die bij me in de buurt woont en die destijds zwanger was van haar eerste kindje, kwam af en toe langs. Ik zei wel eens al lachend dat ze kwam om te trainen met onze tweeling, hoewel ik beter wist. Toen ik het tijdens een van haar bezoekjes weer lastig kreeg, porde ze me aan om samen met haar in de buurt een wandelingetje te maken. En zo ging ik voor de eerste keer sinds lang weer wandelen langs de Schelde. Ik voelde me even heropleven, het was een eerste signaal.

Tijdens die periode kreeg ik ook het eerste kraambezoek thuis. Vrienden en kennissen kwamen langs met ruikers bloemen en cadeautjes. We aten taart en dronken koffie. Wat ik hen niet vertelde, was dat ik 's avonds rond een uur of tien opnieuw in mijn auto zou stappen om naar het ziekenhuis terug te keren. Ik leidde een dubbelleven. Zelfs al had ik het aan mijn vrienden willen vertellen, ik kon het gewoon niet. Dat ik 's avonds Erik en de tweeling telkens weer moest achterlaten, vond ik in het begin niet zo erg. Nadien kreeg ik het er wel moeilijk mee. Ik begon te genezen.

Een nieuwe fase van mijn genezingsproces speelde zich af in de supermarkt. Naar huis gaan kon ik aan, maar was ik sterk genoeg om de drukte en de mensen tussen de winkelrekken te trotseren? De allerlaatste keer was het allesbehalve een succes. Toen had ik mijn kar laten staan en was ik naar buiten gelopen. Nu zou het beter moeten gaan. Ik kreeg steeds minder paniekaanvallen en ze duurden minder lang.

De maand november liep ten einde. Helemaal hersteld was ik nog niet, maar ik stond wel stevig genoeg in mijn schoenen om het allerlaatste stadium van mijn genezing in te gaan. Ik zou weer gaan werken. Dat had ik nodig om me er volledig doorheen te slaan. Ik voelde dat mijn werk een doorslaggevende rol zou spelen in mijn definitieve herstel. Op 29 november in de late namiddag verliet ik het ziekenhuis. Deze keer met de zegen van de dokters. En deze keer voorgoed. Op 30 november vertrok ik 's middags naar Brussel. Even later verscheen ik op het scherm. Ik voelde me nerveuzer dan op mijn eerste omroepdag. Drie dagen later vierde ik mijn 29ste verjaardag. Thuis.

Eindelijk weer thuis! En vooral opnieuw aan de slag. Daags na mijn verjaardag was ik alweer aan het omroepen en enkele dagen later ging ik de baan op voor het programma 'Diva' van radio Donna. De programmamakers stuurden me naar een tentoonstelling over tweelingen in Gent, waarover ik nadien verslag moest uitbrengen. Ze hadden er deze keer niet over moeten nadenken welke reporter ze er naartoe zouden sturen. Voor hen was het evident, voor mij was het leerzaam. Onvoorstelbaar hoe de verschillende culturen ter wereld omgaan met tweelingen. Sommige volkeren hebben er schrik van. Nog anderen zien er de hand van iets hogers in. Tweelingen zijn magisch. Ze trekken de aandacht en overal nemen ze een bijzondere plaats in. Ook in mijn leven. Dat is het minste wat je kunt zeggen.

Nog geen twee weken na mijn ontslag uit de psychiatrie trok ik naar Hilversum voor een opname van Tien voor Taal. Voor mij was het niet alleen een test op taalgebied. Ik ging voor de eerste keer sinds lange tijd weer alleen weg. Maar ik genoot van de opnames. De gebeurtenissen van de afgelopen maanden hadden trouwens geen invloed gehad op mijn geestelijke vermogens. Ik doorstond de finale met vlag en wimpel. Normaal gezien hecht ik daar weinig belang aan, maar op dat moment was het voor mij des te meer een overwinning. De ochtend na de opname ontbeten de Vlaamse kandidaten gezellig samen. En net als tijdens de heenreis had ik ook op de terugweg het gezelschap van een toffe televisiecollega. De tijd vloog voorbij door al ons geklets. Ik had er eindelijk weer zin in.

Ondertussen hadden Fran en Simon er ook al hun eerste dagen in de kribbe opzitten. Ze gingen er voor de eerste keer naartoe op 4 december. Die ochtend was mama veel zenuwachtiger dan zij zelf. Wisten Fran en Simon veel waar ze naartoe gingen. Maar ze zouden het snel gewaar worden, want zo'n kribbe is behoorlijk druk. Je moet het maar kunnen om er een hele dag te staan temidden van al het kindergejoel en -gekrijs. Ik heb ontzettend veel bewondering voor de kinderverzorgsters die zich trouwens helemaal geven voor de baby's en peuters. Geen dag zou ik het overleven.

De eerste kribbedag was voor Fran en Simon een succes. Dat bleek uit het heen- en weerschriftje dat ervoor moest zorgen dat ouders en verzorgsters elkaar op de hoogte hielden van de gebeurtenissen van de dag. 's Ochtends gaven Erik of ik het schriftje af aan de verzorgster, om het 's avonds terug mee te nemen en te lezen over hun avonturen die dag. Het allereerste kribbeverslagje klonk bij Fran veelbelovend:

> 'Mijn eerste kribbedagje is goed verlopen, hoor. Al snel beginnen rondkijken en alles in het oog gehouden. In het park

> gelegen en even in slaap gevallen. Samen met mijn broer in het grote park gespeeld. Om 12.50u mijn flesje gedronken, ik had reuzenhonger. Om 13.40u ben ik in mijn bedje gegaan. Snel naar dromenland vertrokken. Daarna met broer in het park gespeeld en ook nog in de relax gezeten en veel rond gekeken. Eén keer stoelgang gemaakt in de namiddag. Mijn flesje gedronken om 18u.'

Ook Simon had zich goed uit de slag getrokken en had de verzorgsters zelfs al zover gekregen dat hij als eerste te eten kreeg. Zus Fran moest maar even wachten. Wellicht had hij dat voor mekaar gekregen dankzij zijn indrukwekkende stemgeluid, waar de kribbe vanaf dag één al had van kunnen proeven...

> 'Wat ben ik een flinke jongen geweest tijdens mijn eerste kribbedagje. Ik lag nog zalig te slapen toen ik binnenkwam. Samen met mijn zusje in het park gespeeld en veel rondgekeken. Om 12.45u, oei, oei... reuzenhonger en iedereen kon het horen! Eerst natuurlijk mijn siroopje gekregen. Nog wat in de relax gezeten en dan in mijn bedje zalig geslapen. In het park samen met mijn zus nog een beetje gespeeld en ook nog een dut gedaan. Eén keer stoelgang gemaakt in de namiddag. Mijn flesje gedronken om 17.45u.'

's Avonds en 's ochtends vulden wij het schriftje telkens verder aan. Op 4 december viel die eer te beurt aan Erik. Ik was immers in Brussel aan het omroepen. Het was papa die de avond na hun eerst kribbedag kon vaststellen dat Fran en Simon heel rustig waren (lees: uitgeput!) en dat ze na hun flesje onmiddellijk in slaap vielen.

De heen- en weerschriftjes zijn trouwens een stille getuige van het feit dat ik in het begin niet de meest relaxte moeder was. Ik was gewoon neurotisch! Een freak! Het leek wel of ik dacht dat de verzorgsters in de kribbe geen flesjes konden geven of neusjes konden spoelen. Tot in de details beschreef ik wanneer en hoe hun neusje gespoeld moest worden. Dat de baby's daarbij niet plat mochten liggen, maar schuin gehouden moesten worden. In die tijd dacht ik trouwens nog dat hun neus met een 'speciale vloeistof' gespoeld moest worden, terwijl het om doodgewoon fysiologisch water ging. Ook voor de flesjes gaf ik instructies mee, terwijl de kinderverzorgsters zoveel meer ervaring hadden met het voeden van baby's. Ze kunnen het duizend keer beter dan ik! Maar ik kon het niet laten. Ik bleef de perfectie nastreven. Dat karaktertrekje had ik nog niet helemaal van me af kunnen schudden.

De ochtenden bleven ontzettend hectisch. Pampers verversen, baby's aankleden en flesjes geven. Maar ik scheen het aan te kunnen. Ik kon ermee leven. De combinatie van thuis en werk (en de tweeling af en toe in de kribbe) was overigens de beste therapie. Toch zocht ik ook nog professionele hulp. Af en toe ging ik nog op consultatie op de psychiatrie, maar ik had het ziekenhuis beloofd om ook bij mij in de buurt een psycholoog of psychiater te zoeken die me zou volgen. Kwestie dat ik iemand had om op terug te vallen wanneer het minder goed ging. Bovendien moest mijn medicatie nog verder afgebouwd worden en dat doe je best onder professionele begeleiding. Ik nam contact op met een psychologe, maar na een eerste consultatie haakte ik af. De eerste was niet de beste. Althans niet voor mij. Haar aanpak lag me niet. Ik had het gevoel opnieuw te verzeilen in de oeverloze gesprekken die ik eerder al met de psycholoog in het ziekenhuis had gevoerd. Toen ze bovendien nog eens kwam aanzetten met ademhalingsoefeningen, wist ik het wel. Dit had ik al gezien en gedaan. Een vriendin gaf me het adres van een psychiater bij wie ik me wellicht wel goed zou voelen. Ik ging een eerste keer naar haar toe halfweg december. Het was een vriendelijke, maar strenge vrouw. Ze was nogal rechtuit, maar die aanpak had bij mij eerder al zijn vruchten afgeworpen. Dat zou ook nu het geval zijn. De psychiater verminderde meteen mijn medicatie. 'Niet te geloven dat jij nog kunt functioneren met al die pillen in je lijf,' zei ze. Het was hoog tijd om af te bouwen. Aanvankelijk maakte ik me zorgen over hoe ik daarop zou reageren, maar het viel uiteindelijk goed mee. Blijkbaar kon mijn lichaam het al stellen met minder medicatie. Een goed teken.

Ik leerde ook veel uit de gesprekken die ik met haar had. Ze legde er de nadruk op dat ik nu vooral voor mezelf moest zorgen, ook al betekende dat dat ik af en toe iemand moest teleurstellen. Drongen mensen erop aan dat ik de tweeling zou meenemen op bezoek en zag ik dat niet zitten? Dan moest ik dat vooral niet doen, zei ze. Ik moest leren neen zeggen. Daar zou ik mezelf het grootste plezier mee doen. Ze drong er ook op aan dat ik zelfstandiger zou worden. Dat ik de wasmachine thuis niet kon instellen, dat moest ik maar eens dringend veranderen. Het zou me overigens ook goed doen om te leren koken, zei ze. Ik houd haar goede raad in gedachten en ik neem me voor het ooit te leren. Als ik wat meer tijd heb. En als de kinderen wat groter zijn...

We spraken af om mekaar een keer per maand te ontmoeten. Na een vijftal consultaties ging ik een laatste keer bij haar langs op 30 april. Alsof met de komst van de lente de nood aan therapie verdwenen was. Ze had me de winter doorgeholpen. En dat was nodig, want we zouden nog veel meemaken voor de eerste zonnestraal er zou doorkomen.

TERUG NAAR HET ZIEKENHUIS

Op 29 november nam ik definitief afscheid van het ziekenhuis. Dacht ik. Maar er kwam een vervolg. Enkele dagen na mijn thuiskomst en kort nadat ze hun eerste dagen hadden doorgebracht in de kribbe, begonnen de baby's te snotteren. Fran moest vreselijk hoesten en haar adem begon zelfs te piepen. Simon had daarbovenop last van een vervelende neusloop. Deze symptomen zouden we wel op eigen houtje bestrijden, mits enige medicatie en goede raad van de kinderarts. Maar er was meer nodig dan dat, zeker toen de baby's minder en minder begonnen te eten en plots zelfs niet meer wilden eten. Met Frans 5.350 en Simons 5.630 gram (hij had zijn zus ondertussen voorbij gestoken!) waren het allang geen lichtgewichten meer, maar we konden geen risico's nemen. De kinderarts verwees ons uiteindelijk door naar de spoed. Daar werd de tweeling meteen aan een infuus gelegd en doorverwezen naar de B5. We kenden onze weg er naar toe.

Het was 14 december, op de kinderafdeling hing kerstversiering. Ik was niet in feeststemming. Het kaartenhuisje dat we de afgelopen maanden langzaam weer hadden opgebouwd, was in één klap weer in elkaar gestort. Over mijn eigen gezondheid maakte ik me geen zorgen. Ik voelde dat ik sterk genoeg in mijn schoenen stond om ook deze nieuwe episode in het ziekenhuis aan te kunnen. Maar hoe moest het verder met Fran en Simon? Waarom wou het maar niet lukken met hun gezondheid? Na Simons anemie en urineweginfectie en de acute gastro-enteritis die ze allebei hadden doorgemaakt, kregen ze nu af te rekenen met 'RSV bronchiolitis'. De tweeling had het zo zwaar dat ze aanvankelijk extra zuurstof nodig hadden. Ze kregen ook sondevoeding. Nochtans hadden we verschillende keren geprobeerd om hen een flesje te geven, maar telkens draaide het uit op een fiasco. Ofwel wilden ze niet eten, ofwel kotsten ze achteraf de boel helemaal onder. Voor Fran was het al de derde keer dat ze een maagsonde kreeg. Ze was er nochtans helemaal niet op gesteld.

Ook deze zoveelste ziekenhuisopname werd er een om nooit te vergeten, al was het maar omdat de tweeling ontzettend veel huilde. Je zult je maar rotslecht voelen en nergens je verhaal kwijt kunnen. Het onfortuinlijke lot van elke zieke baby. Ik kon mijn hart wel luchten, in de eerste plaats tegenover Erik, al zat hij natuurlijk in hetzelfde schuitje. Was dat de reden dat ik af en toe toch op mijn tanden beet en hem mijn beklag bespaarde? Hij had het als vader ook niet makkelijk. Dat durfde ik wel eens te vergeten. Het leverde spanningen op tussen ons beide. Ik was moe, hij was moe. Soms leek het wel uit te draaien op een discussie over wie zich nu het slechtst voelde. Wie had het meest reden tot klagen? Onzin! Maar op zo'n moment maakten we ruzie over zaken die geen discussie waard waren. We wisten niet beter. Alsof we zelfs de kracht niet meer hadden om na te denken.

De geboorte van een tweeling weegt op een relatie. Ook Erik en ik ontsnapten daar niet aan. De postnatale depressie die ik meemaakte en het feit dat de baby's om de haverklap met allerlei ziektes opgenomen werden in het ziekenhuis, waren een extra domper op de kraamvreugde en op onze relatie. Het was voor ons als koppel niet bepaald een makkelijke periode. Zelfs wanneer je baby's gezond zijn (en gelukkig zouden er ook nog zo'n momenten komen), is een tweeling niet meteen bevorderlijk voor je relatie. Allebei hadden we constant een baby in onze armen, waardoor we op de duur mekaar niet meer vast hielden. Genieten van de baby's was al zo moeilijk, laat staan dat we van elkaar konden genieten. We verloren fysiek, maar ook mentaal contact met mekaar. De gesprekken die we voerden, waren meestal heel kort samen te vatten. Het ging altijd over de tweeling. Had Fran al een verse pamper aan? Had Simon zijn antibiotica gekregen? Hoe zouden we het morgen ook al weer gaan organiseren? Een mens zou op de duur gaan dromen van flesjes en pampers. Die roze droom was voor mij een nachtmerrie.

Ons leven draaide enkel en alleen nog rond Fran en Simon. Zij slorpten al onze aandacht op. We waren 24 op 24 uur met hen bezig en dan nog hadden we het gevoel dat we tijd te kort kwamen. Als we al eens vijf minuten konden ademhalen, dan hadden we meestal enkel nog de energie om ons naar de zetel te slepen en daar voor de televisie als een blok in slaap te vallen. De verzorging van de tweeling had niet alleen mij volledig uitgeput, ook Erik kon niet meer ontkennen dat het voor hem een zware dobber was. We hadden nergens nog tijd voor en we waren altijd te moe. We verloren niet alleen onze relatie uit het oog, we waren ook ontzettend streng voor mekaar. Er viel meer dan eens een hard woord. Voor mij was dat vaak een reden om me eens vijf minuten goed te laten gaan in een Spaanse razernij. Erik vond meestal dat ik geen enkele reden had om tegen hem tekeer te gaan. Hij was gewoon niet kwaad te krijgen. Dat op zich maakte me nog furieuzer. Het zou Erik misschien deugd gedaan hebben om af en toe ook eens hard te roepen. Dat lucht op, geloof me. Ik moest geregeld wat stoom aflaten, wou ik voorkomen dat ik op een bepaald moment zou ontploffen. 'Kersverse tweelingmoeder ontploft'. Als krantenkop zou dat wel tellen.

De ziekenhuisopnames van de tweeling hadden dan toch één voordeel. Erik en ik zagen mekaar zo weinig dat we gewoon geen ruzie konden maken. Altijd was er iemand bij Fran en Simon, ook tijdens hun opname voor RSV-bronchiolitis. Een dag in het ziekenhuis was zoveel vermoeiender dan een dag op het werk. Meestal kwam ik 's avonds afgemat thuis, maar dat hield me niet tegen. Ik wou dat er altijd iemand bij hen was. Omdat ik niet elke dag moest werken, was ik meestal de babysit van dienst. Maar Erik deed zijn uiterste best om me af te lossen. We namen meestal vluchtig afscheid in de kamer of we kruisten mekaar in de gang. Wie was u ook alweer?

Na een week begon het tij te keren en leek de tweeling goed te genezen. De zuurstof werd afgebouwd en de maagsonde verwijderd. Ik hield mijn hart vast voor dat eerste flesje. Maar het liep goed af, ze waren voldoende hersteld om het ziekenhuis eerstdaags te verlaten. Het was trouwens bijna Kerstmis. Reden te meer, vonden ze in het ziekenhuis, om alles in het werk te stellen opdat ze op kerstavond thuis zouden zijn. Op 24 december in de late namiddag waren we met de tweeling op weg naar huis. Ze waren op de valreep thuis voor Kerstmis.

Voor de allereerste keer sinds jaren zouden Erik en ik kerstavond in besloten kring doorbrengen. In het gezelschap van onze zoon en dochter. Ik had me voor hun geboorte de meest romantische voorstellingen gemaakt van de eerste kerstavond samen met hen. Ik zag het zo voor me: de kerstboom, de rijkelijk gevulde feesttafel en twee baby's die vredig in hun wiegje lagen te slapen. Het draaide helemaal anders uit. De baby's lagen dan wel in hun wiegje: van vrede op aarde was geen sprake. Als de een niet aan het huilen was, maakte de andere aanstalten om zich eens goed te laten gaan. We probeerden ze te troosten, maar we moesten voortmaken wilden we van onze eerste kerstavond als jong gezin toch nog iets bijzonders maken. Terwijl Erik zich uitsloofde achter de kookpotten probeerde ik onze tafel enigszins feestelijk aan te kleden. Het menu was beperkt tot een voorgerecht, hoofdschotel en dessert. De flesjes van de kinderen konden wel tellen als tussengerechten. Het was nog geen middernacht toen we gingen slapen. Die nacht hielden we zoals altijd trouw de wacht, maar we hebben ook schaapjes geteld. Het werd een kerstavond zoals we die nog nooit hadden meegemaakt. Een memorabele kerst.

Oudjaar zal ik ook niet snel vergeten. Het jaar tevoren hadden we tot een stuk in de nacht met vrienden muziek gemaakt. Zelfs toen het nieuwe jaar al uren was ingeluid, kwamen er nog vrienden binnenvallen. We wisten van tevoren dat we 2003 met minder luide trom zouden inluiden, om de eenvoudige reden dat er boven twee baby's in hun bedje lagen – of probeerden – te slapen. De avond verliep volgens hetzelfde scenario als kerstavond. Erik zou iets lekkers klaarmaken. Ik was verantwoordelijk voor de sfeer, al leken Fran en Simon die taak van me te willen overnemen. We hebben rustig kunnen eten... tussen de huilbuien door. Het was nog maar tien uur en we waren al aan het geeuwen. We konden met moeite onze ogen open houden. Zouden we het volhouden tot middernacht? We konden het toch niet maken om op de overgang van oud naar nieuw in bed te liggen. We hebben afgeteld, weliswaar op een weinig spectaculaire manier, al deed Felice zijn uiterste best om de sfeer van het Swingpaleis tot in onze huiskamer te brengen. De mannen en de vrouwen van de panels telden af en wij met hen. 'Zet die volumeknop nog wat harder,' zei Felice, 'en laat u deze nacht maar eens goed gaan!' Hallo? Ons laten gaan? De hele nacht doorfeesten? Slapen! Dat zouden we gaan doen. We hadden 2003 gehaald.

5

Doe ik het goed?

IN DE PATATTEN

Met het nieuwe jaar brak een nieuwe fase aan in het leven van Fran en Simon. Ze zouden voortaan 's middags groentepapjes eten. Zelf kan ik niet koken, dus wat 'patatjes' betrof, was ik in het begin volledig afhankelijk van Erik. Dat ik er niets van bak achter het fornuis is niet iets om trots op te zijn, maar er zit nu eenmaal geen culinair been in mijn lijf. Potjesvoeding was geen optie. Daar was Erik tegen sinds hij zijn kat ooit misselijk had aangetroffen nadat die een potje babyvoeding had verorberd. Ik had stiekem toch maar enkele bokaaltjes opzij gezet. Je wist maar nooit.

In het begin kon ik me nog behelpen met de stomer. De mixer stond klaar op het aanrecht. Eén kookpot was genoeg om aardappeltjes, groenten, vlees of vis te stomen. Daarna gooide ik alles samen in de mixer en klaar was kees. De kinderen eten geven was een ander paar mouwen. Hoe moest ik daaraan beginnen? En vooral: hoe geef je patatjes aan twee baby's tegelijk? Meestal hadden Fran en Simon tegen de middag al zo'n scheurende honger dat ze hun keel wagenwijd openzetten. In het begin pikte ik er gewoon diegene uit die het hardst riep. Dat was niet bepaald rechtvaardig, maar in zenuwslopende tijden is een mens vooral geneigd aan zijn eigen zielenrust te denken. Sorry Fran, je broer gilde meestal het hardst. En dus kreeg hij als eerste zijn wortelpap. Elke dag opnieuw, zodat ze aan de smaak van wortels konden wennen. Simon eten geven mondde meestal uit in een kleine wortelslag. Telkens ik de lepel in zijn mond wou steken, stak hij zijn handen erbij. De patatjes hingen niet alleen aan zijn kleren, ook zijn ogen en haren hingen vol. Na enkele seconden zag zijn relax en de hele omtrek van de tafel oranje. Er kwam meer pap op de vloer terecht dan in zijn maag. Toch was het dankbaarder om Simon eten te geven. Hij slikte tenminste, wat je niet van zijn zus kon zeggen.

Op het moment dat Simon zijn laatste hapjes naar binnen werkte, was

Fran al bijna uitgeput van het huilen. Maar het was eindelijk haar beurt. Simon had zijn buikje rond gegeten, maar denk niet dat hij meteen gelukzalig in slaap viel. Terwijl ik Fran eten gaf, trakteerde hij ons opnieuw op een serenade. Daardoor verliep ook de tweede groentepap-shift niet meteen in een optimale sfeer. Ik stond meestal in het zweet van de spanning en de inspanning.

Had ik de indruk dat Fran en Simon niet genoeg patatjes gegeten hadden, wat in het begin meestal zo was, dan moest ik nog flesjes steriliseren om melkpap klaar te maken. Volledig opgewonden door het babyconcert dat me daarbij begeleidde, verbrandde ik mijn vingers aan de steriliseerstolp. Die stolp was overigens best een handig ding… als de gebruiker het hoofd koel kon houden.

Het lot van een kersverse moeder. Toen leek alles zo dramatisch. Het feit dat er groentepap aan hun menu werd toegevoegd, maakte het voedingsschema van de tweeling alleen maar ingewikkelder. Hoeveel had Fran de laatste keer gedronken? En wanneer? Of was het Simon? En hoeveel patatjes hebben ze elk gegeten vanmiddag? Ik geraakte er niet meer aan uit. Het schriftje waarin ik alles noteerde klopte langs geen kanten meer. Bovendien was ik door de vele ziektes die ze al hadden doorgemaakt nogal fobisch geworden wat sterilisatie betrof. Alles wat in hun mond kwam, moest zuiver zijn, ook al betekende dat dat ik de hele dag moest steriliseren. Wat meestal het geval was.

Als ik het nu eens anders zou aanpakken en de baby's tegelijk eten zou geven. Het was een ingeving van het moment. De dagen ervoor had ik opgemerkt dat Fran en Simon steeds meer 'hapten' naar hun groentepap, dus wie weet zou deze methode wel aanslaan. Met twee verschillende lepeltjes voor elk maakte ik het me niet makkelijk, maar indien dit kon tegengaan dat ze mekaar zouden besmetten met virussen en andere beestjes, dan moest het maar zo. Een hapje voor Simon, een hapje voor Fran, een hapje voor Simon… De voedingsmomenten werden zowaar aangenaam en er belandde minder pap op de vloer.

In de kribbe leken Fran en Simon altijd veel beter te eten. Dat was zo van in het begin. Na de valse start die ze door hun RSV-bronchiolitis hadden gekend, konden ze na nieuwjaar pas echt proeven van het dagelijkse kribbeleven. Op 3 januari gingen ze er voor het eerst weer naartoe. Die dag moesten ze ook daar voor de eerste keer groentepap eten. Ik hield mijn hart vast toen ik 's avonds hun heen- en weer schriftje opensloeg. In het boekje van Simon las ik…

‘Tegen 10.30u naar mijn bedje en geslapen tot 12.25u. De puree van wortel en aardappel flink gegeten. Daarna om 13u de fles pap ook nog leeggedronken.’

Bij Fran klonk het iets minder optimistisch. Zij had 10 lepeltjes van haar wortelpap gegeten, maar dat was voor haar best een goede prestatie. Nadien had ze ook haar flesje helemaal leeg gedronken. Het was snel duidelijk dat Fran meer tijd nodig zou hebben om te wennen aan de groentepapjes. Terwijl Simon zich in de kribbe meteen ontpopte als een flinke eter, at Fran pas na een maand haar bordje leeg. Maar eens ze op dreef was, liet ze zich niet meer kennen.

10 februari 2003 over Fran: ‘Om 12.15u patatjes met appelmoes gegeten. Heel goed gegeten! Geen flesje meer nodig gehad! Ik word een groot meisje, hé! Flesje om 16.40u helemaal leeggedronken.’
10 februari 2003 over Simon: ‘Weer veel gelachen en zottekes gedaan. In de voormiddag een dutje gedaan. Om 12u heel mijn bordje met appelmoes en patatjes leeggegeten. Flink hé!’

HAPPY WHEEZER

Eindelijk leken we op de goede weg. Fran en Simon kwamen goed bij. Op 17 februari woog Simon 6.760 gram. Fran hinkte lichtjes achterop met 6.620 gram, maar ze had nu eenmaal een lichter gestel. De tweeling begon ook te brabbelen en te kraaien, wat ons het gevoel gaf dat we nu ook wat contact met hen hadden. Niet dat we er veel van verstonden...

Toch bleef Simon sukkelen met een aantal kwaaltjes. Hij had een ontstoken oogje en hij had voortdurend last van diarree. Bovendien kon je op zijn luchtwegen een constant gereutel horen. Dat hield hij over aan de laatste ziektes die hij had doorgemaakt. Toen hadden zijn luchtwegen zwaar te lijden gehad en daardoor was hij nu een ‘happy wheezer’. De dokter vertelde het alsof Simon nu tot een clubje behoorde. Had hij het op voorhand geweten, dan had Simon zijn lidkaart wellicht geweigerd, want voortaan moest hij ‘puffen’. Simon vond het vreselijk om het masker van de ‘Kidspacer’ op zijn neus en mond te krijgen en ook voor ons was het een hel. Eer we erin slaagden hem erdoor te doen ademen, hadden we telkens al een zwaar gevecht achter de rug. Simon spartelde en gilde. Hij was zo klein en zwak, maar aan spierkracht ontbrak het hem niet.

Weerstand had hij wel tekort. Eind februari kreeg Simon af te rekenen met koortsaanvallen tot 39,5 graden. De hoge koorts hield dagenlang aan. Simon moest ontzettend veel hoesten en hij kreunde van de pijn. Onze huisarts had meteen door dat het niet om een banaal virus ging. We moesten naar de spoed. 'Niet weer het ziekenhuis,' dacht ik. We waren er al zo vaak geweest, dat ik er mijn gezicht haast niet meer durfde te laten zien. Maar ik wist dat het moest. Simon had dringend hulp nodig. En dus kwam ik op 27 februari terug aan in het ziekenhuis met een doodzieke Simon in mijn armen. Hij had 39,6 graden koorts. Veel respons gaf hij niet meer. Hoesten was het enige dat hij nog deed. De kinderarts besliste hem onmiddellijk op te nemen. Op de spoed werd er nog bloed geprikt en hij kreeg een infuus. Was ik te vermoeid? Of kon ik het niet aan om Simon te zien lijden? De naald stak nog maar in zijn arm of ik ging tegen de vlakte. Een verpleger snelde me meteen ter hulp. Of ik even wou bijkomen op een van de bedden in de andere kamers? Alsof ik veel keuze had. Ik stond nog te trillen op mijn benen.

Op het moment dat ik me weer wat beter voelde, was ook Simon klaar om naar de kinderafdeling te vertrekken. Een verpleegkundige van de spoed begeleidde ons er naartoe. Ik kende de weg al uit het hoofd. Onderweg vroeg ik me af welke verpleegsters van dienst zouden zijn. Ik kende ze niet allemaal bij naam, maar hun gezichten stonden ondertussen in mijn geheugen gegrift. Ik herkende de twee verpleegsters die ons tegemoet kwamen meteen. 'Toch niet weer!', was ook hun reactie. Ze waren blij om Simon te zien, maar ze hadden hem liever elders of op zijn minst in een gezondere toestand teruggezien. Terwijl ze bij mij informeerden naar de gebeurtenissen van de afgelopen dagen, legden ze Simon op de weegschaal. Op zo'n twee weken tijd was hij bijna 300 gram afgevallen. Hij woog nog 6.480 gram.

Onderzoek wees uit dat Simon een longontsteking had. Een 'pneumonie van de rechterbovenkwab,' zo luidde de diagnose. Ik was met verstomming geslagen. Een longontsteking? Ik had Simon toch niet buiten in de regen gelegd? Ik had toch goed voor dat ventje gezorgd? Je raakt als moeder behoorlijk in de war als de baby die je met de beste zorgen omringt, telkens opnieuw in het ziekenhuis belandt. Maar de dokters drukten me op het hart dat ik me geen verwijten mocht maken. Simon was nu eenmaal bijzonder kwetsbaar.

Nu de diagnose was gesteld, konden de artsen de behandeling starten. Simon zou 5 dagen intraveneus antibiotica krijgen. Daarnaast kreeg hij sondevoeding, want hij was te verzwakt om zelf te eten. Alweer een maagsonde. Alweer een infuus. Ik had het er moeilijk mee. We waren al vaak in het ziekenhuis geweest, maar het was daarom niet minder lastig.

Gelukkig was Simons temperatuur binnen de dag genormaliseerd. We hadden reden om optimistisch te zijn. Dankzij de sondevoeding kwam Simon snel weer op krachten. De pijnaanvallen die in het begin zo frequent en hevig waren geweest, begonnen te verminderen. Wellicht zou Simon nu snel herstellen van zijn longontsteking. Op 5 maart verscheen er een glimlach op zijn gezicht. Hij mocht naar huis.

FRUITPAP

Terwijl Simon in het ziekenhuis lag, werd Fran meestal opgevangen door mijn ouders. Daarnaast konden we met haar terecht in de kribbe. Zou Fran het gemerkt hebben dat haar broer er niet bij was? Toch zeker op 4 maart. Die dag kreeg ze voor de eerste keer fruitpap en ze moest niet eens haar beurt afwachten. Het was haar grote moment. Simon zou pas op 10 maart zijn eerste fruitpap proeven.

Ook hij had de smaak snel te pakken. Na de ellende die we met de groentepap hadden meegemaakt, kwam fruitpap als een zegen. Zonder appelsien, want in de kribbe werden de papjes bereid met peer. Daar raakten Fran en Simon snel aan gewend. Ik was al blij dat ze hun bordje leeg aten. Hadden ze 's middags minder gegeten, dan kon ik er tenminste zeker van zijn dat ze om vier uur hun buikje rond zouden eten. Fruit kan groenten niet vervangen, maar het is gezond. Er kwam meer afwisseling in hun menu, niet alleen dankzij de fruitpap. Fran en Simon ontdekten dat er 's middags meer te eten viel dan alleen maar wortels. Ze kregen nu ook bloemkool voorgeschoteld, spinazie, witloof en zelfs knolselder. Naast steak lag er af en toe kip, kalf of kabeljauw op hun bordje. Het was niet altijd een onverdeeld succes, maar ze hadden meestal genoeg honger om ook een paar hapjes te eten van hetgeen ze minder lustten.

De tweeling werd alsmaar actiever. 'Fran begint veel te vertellen en geluiden te maken,' stond er begin maart in haar schriftje te lezen. 'Een echt meisje,' plaagde Erik. Hij zou snel ontdekken dat Simon zich verbaal ook goed uit de slag kon trekken. De tweeling lag niet meer stil. Fran en Simon konden zich ondertussen al draaien en af en toe slaagden ze erin om recht te zitten, al hadden ze voor dat laatste nog wat ondersteuning nodig. Ook in de kribbe kregen ze voldoende bewegingsvrijheid en konden ze hun grenzen aftasten. Letterlijk, want ze botsten wel eens met de spiegel die aan het uiteinde van de speelmat stond. Na zo'n dagje turnen waren ze 's avonds meestal doodmoe. Dan werden ze in een kinderstoel gezet om wat uit te blazen. Daar zaten ze dan, als koningskinderen op hun hoge troon. We waren duidelijk vooruitgang aan het boeken.

De verzorging van de tweeling bleef een lastige karwei. Elke ochtend was het een gesleur met maxicosi's. Meestal was ik de uitverkorene om ze naar de kribbe te brengen. Met een maxicosi aan elke hand waggelde ik het gebouw binnen. Mensen, wat een gewicht! Ik ben bovendien niet de handigste. Wat een gesukkel 's avonds om die maxicosi's opnieuw vast te maken in de auto! Ook op de autostoeltjes heb ik later meer dan eens gevloekt.

Ik was niet meteen gemotiveerd om veel met de tweeling op stap te gaan. Toch zeker niet in het begin. Als we toch eens gingen wandelen, bleven we meestal dicht bij huis. Een uitnodiging van familie of vrienden eindigde meestal in een etentje bij ons thuis. Erik en ik zagen de hele volksverhuis niet zitten. Twee reisbedjes, lakentjes, pyama's, slaapknuffels, reservekleren, het verzorgingskussen, papjes voor twee, pampers... De waslijst was lang genoeg om ons vooraf te ontmoedigen. We kozen voor ons gemak. Terwijl Erik aan het koken was, namen vrienden met plezier de fruitpap of het flesje even over. Voor een keertje is dat best leuk. Eens de tweeling in bed lag, konden we dan – hopelijk – genieten van een rustige avond.

Eindelijk viel ons leven in plooi. Fran en Simon kregen al eens een verkoudheid of bronchitis, maar dat was niks in vergelijking met wat we meegemaakt hadden. Simon had nog enkele reuteltjes op zijn luchtwegen, maar dat moesten we maar afwachten, zei de kinderarts. Ondertussen kregen ze allebei hun eerste vaccinaties. En werden ze hun tweede thuis – de kribbe – steeds meer gewoon. Stilaan ging de zon op.

SUPERMAMA

Het begin van de lente was... alweer het begin van miserie. Op 21 maart stond ik op het punt naar de kribbe te vertrekken toen Fran plots moest overgeven. Het autozitje, haar kleren, zijzelf: alles zat onder de kots. Fran was lijkbleek. Het bleek snel dat ze niet zomaar iets verkeerd of teveel gegeten had, want ook de dagen daarna was ze niet in haar sas. Ze wou ook niet meer eten. Nochtans leek ze niet echt ziek. Ze was zelfs vrij rustig. Maar ze begon af te vallen en teveel gewichtsverlies konden we ons niet permitteren. Een week later was Fran zodanig verzwakt, dat ik niet anders kon dan haar naar het ziekenhuis brengen. Op de spoedafdeling werd ze meteen op de weegschaal gelegd: ze woog 6.500 gram. Tien dagen voordien was dat nog 7.060 gram. Ze was meer dan een halve kilo afgevallen. Teveel voor zo'n klein babylijfje. Ze dreigde uitgedroogd te geraken en dus werd ze opgenomen.

Nog voor we naar de pediatrie konden vertrekken moest er bloed geprikt worden en zou Fran een infuus krijgen. Dat ritueel was me al vertrouwd. De verpleegkundigen waren blijkbaar ook al met mij vertrouwd, want ik werd prompt naar buiten gestuurd. Ik heb ondertussen een reputatie. Maar deze keer zou mama niet flauwvallen. Ik zou op mijn tanden bijten. Of misschien zou het helpen als ik aan iets anders probeerde te denken. Maar het mocht niet zijn. Zelfs op de gang kreeg ik het moeilijk en dan hoorde ik Fran nog niet eens gillen. Ik probeerde nog tot aan de ontvangstbalie te geraken, maar na een paar stappen zakte ik door mijn benen. Mama was weer buiten westen. Toen ik wat bijgekomen was, kwam de verpleger naar buiten met Fran op de arm. 'Wat een moedig meisje,' wist hij me te vertellen. Helemaal niet haar mama. Op de trofee voor de moedigste moeder moet ik niet rekenen.

Of ik een kamer wou voor 'moeder en kind'? Telkens me die vraag werd gesteld, begon ik te twijfelen. Ben ik een slechte moeder als ik niet bij mijn kind blijf slapen? Doe ik Fran iets tekort als ik haar straks achterlaat in het ziekenhuis? Maar had ik een keuze? Ik wist dat Fran niet in slaap zou vallen als ik bij haar bleef. Thuis zat er bovendien nog een baby op me te wachten. En dus bleef ik nooit overnachten in het ziekenhuis. Noch bij Fran, noch bij Simon. Dat was geen makkelijke beslissing, maar rationeel wel de beste keuze. Overigens had ik alle vertrouwen in het personeel van de pediatrie. Zij droegen Fran, Simon en alle andere zieke baby's letterlijk op handen.

Na het adenovirus en RSV, maakten we deze keer kennis met het rotavirus. Dat had bij Fran een serieuze gastro-enteritis veroorzaakt. Gelukkig was ze deze keer niet volledig afhankelijk van sondevoeding. De verpleegsters boden haar telkens eerst een flesje aan. Pas wanneer ze echt niet wou drinken, werd ze gevoed via de maagsonde. Fran herstelde vlot. Het zou deze keer maar een kort verblijf in het ziekenhuis worden. Op 1 april brachten de dokters het goede nieuws dat ze naar huis mocht. Het was gelukkig geen grap.

Als gevolg van het rotavirus had Fran ook thuis nog een aantal dagen last van diarree. Ze wou bovendien geen fruitpap eten. Wellicht had ze nog last van haar maag. Maar na twee weken weigerde ze nog altijd halsstarrig om fruitpap te eten. In de kribbe daarentegen deed ze wel gretig haar mondje open. Maandag 14 april in het heen- en weerschriftje:

> ''s Middags patatjes met boontjes en steak gegeten (half bord). Fruitpap meer dan de helft op.'

Terwijl ikzelf in het schriftje 's morgens diezelfde 14de april schreef:

> 'Het afgelopen weekend wou Fran niet echt fruitpap eten. Hopelijk wil ze dat vandaag wel. Zucht.'

Het heen- en weerschriftje was tegelijk een geruststelling en een bron van frustratie. Toch wou het ook in de kribbe niet altijd lukken. Vooral toen de tweeling van gepureerde voeding moest overschakelen naar brokjesvoeding, ging het niet altijd van een leien dakje. Simon kon het weinig schelen of hij zijn eten gemixt kreeg of niet. Fran haalde haar neusje wel op voor de brokjes in haar bordje. Ze was klein, maar ze wist verdraaid goed wat ze wilde en vooral wat ze niet wilde. Neen was neen. Het zou trouwens maanden duren vooraleer Fran echt gewend raakte aan de brokjes op haar bord. Bij Simon waren het de flesjes die meer en meer met het nodige theater gepaard gingen. Hij vroeg niet meer om zijn fles. Hij gilde erom. Soms was hij zodanig over zijn toeren dat hij het niet eens doorhad dat de speen van de fles al in zijn mond stak. Hij bleef maar schreeuwen. Plezierig is anders.

Fran en Simon hadden duidelijk al een eigen willetje. We kregen de eerste scènes aan tafel. Nog voor ik hun bordje op tafel had gezet, draaiden ze hun hoofdje al weg. Als ze na veel aandringen dan toch begonnen te eten, ging het ontzettend traag. Ze hadden al enkele tanden, maar ze kauwden vooral met hun tandvlees. Wat een eeuwigheid duurde. Een paar happen verder was het eten meestal al koud. Na een paar mislukte en grotendeels weggegooide maaltijden begon ik het eten af en toe weer te mixen. Zo hadden Fran en Simon tenminste alles binnen en bleef mij een zenuwslopend tafereel met twee hongerige baby's bespaard. Was ik meteen ook van dat vervelende kokhalzen, niezen en hoesten verlost! 'Dat zijn allemaal normale reacties op die eerste hapjes,' had de diëtiste van de kribbe me verteld. Maar daar had ik op dat moment weinig boodschap aan. Na een uur vlieg- en stuntwerk met twee krijsende baby's had ik overigens zelf meestal geen honger meer.

Fran en Simon waren wat eigenzinnigheid betrof goed mee met hun leeftijdsgenootjes. Maar ook motorisch gingen ze snel vooruit. Vooral Simon ontpopte zich tot een bijzonder actief ventje. Hij zat geen minuut stil. Draaien, rollen en zelfs op zijn eentje rechtzitten. Het begon aardig te lukken. Het contrast tussen Fran en Simon werd alsmaar duidelijker. Ze waren niet alleen uiterlijk mekaars tegenpool, ze hadden ook twee totaal verschillende karakters. Als Simon een stukje speelgoed in handen kreeg, belandde het binnen de kortste keren op de grond. Hij verkoos het brute geweld, boven de fijne manieren die zo eigen waren aan zijn zusje. Gaf je haar een knuffel, dan bestudeerde ze die langs alle kanten. In alle rust. Het geduld van Simon was van kortere duur.

Het was fijn om de tweeling te zien evolueren. We bleven ook even gevrijwaard van kommer en kwel. Ook dat deed deugd. Toch waren de baby's nooit helemaal gezond. Begin april was Simon alweer flink aan het hoesten. Ondanks de neusspoelingen en hoestsiroop bleven de slijmen op zijn luchtwegen toenemen. Op doktersadvies schakelden we een kinesiste in voor tapotage. Zij zou de slijmpjes als het ware loskloppen. Simon lag op tafel en keek vanop zijn verzorgingskussen vol belangstelling toe naar wat rondom hem gebeurde. Ondertussen trommelde de kinesiste op zijn rugje en borst. Het ging er soms nogal hevig aan toe, maar Simon had er niet veel last van. Hij leek er zelfs van te genieten.

Midden april liet ook de gezondheid van Fran het afweten. Had Simon haar aangestoken? Kon best, want ook zij sukkelde met de luchtwegen. Nu was het aan Fran om kennis te maken met de Kidspacer. Net als Simon kon ze het ding helemaal niet appreciëren. Maar met of tegen haar zin, ze moest puffen. Niet dat het veel hielp, want na een paar dagen kreeg ze koorts. Vrijdag 17 april in het heen- en weerschriftje:

> '9.50u: 38.1°C. Een klein dutje gedaan. Mijn patatjes wou ik niet. Flesje gedronken. Wel wat last gehad met mijn ademhaling. Niet veel fruitpap gegeten. Om 16u klein flesje gedronken. 17u: 37.6°. Prettig paasweekend!'

Prettig weekend? Met een hoestend en koortsig kind?! Soms leek het of de tweeling speciaal tot het weekend wachtte om ziek te worden. Probeer op vrijdagavond maar eens een kinderarts te pakken te krijgen! Maar deze keer hadden we geluk. Na wat rondbellen vonden we een kinderarts die ons diezelfde avond nog kon ontvangen. Fran had bronchitis. In dezelfde periode werden we trouwens ook getrakteerd op een paar keelontstekingen, een oorontsteking en tussendoor waren we gedurig snotneuzen aan het afkuisen. Het waren intermezzo's tussen de bedrijven door. Met als klapstuk: de windpokken. Half mei zat Fran helemaal onder de blaasjes. Tot in haar oren. Veel konden we niet doen om haar te helpen, behalve geregeld haar hele lichaampje inpoederen tegen de jeuk. Het zou niet lang duren vooraleer de eerste vlekjes ook bij Simon zouden verschijnen. Jawel hoor, nog geen dag later telde ik 3 vlekjes op zijn hoofd. Daar bleef het bij. Met enkele blaasjes en wat koorts kwam Simon er behoorlijk goedkoop vanaf.

Eens de windpokken achter de rug waren, kon het avontuur verder gaan. Eind mei slaagde Fran er voor de eerste keer in zich op haar buik te verplaatsen. Simon kon zelfs al kruipen. Het hek was nu helemaal van de dam. Simon bleef geen minuut op dezelfde plek. Het was een echte ontdekkingsreiziger. Ook Fran verlegde haar grenzen, al stond haar versnelling in het begin constant in achteruit. Maar ook op die manier geraak je overal. Terwijl de ene de buurt van het salon onveilig maakte, zat de andere in de keuken te trekken aan de kasten. Het werd moeilijk om ze in de gaten te houden. Ik kon ze niet meer volgen. Of toch niet tegelijk. Ook in de kribbe moesten ze zorgen dat de deuren op tijd dicht waren, want Simon zou zo weggeglipt zijn. Het was een 'superspeelvogel', zo noemden ze hem daar.

> 'Amai! Weer in volle actie hoor, die leuke Simon. Lachen, spelen, roepen... Om 11u patatjes met bloemkool en kippenfricassee op en om 12.30u ons nestje in. Om 15.45u fruitpap en weer volle gas!' (heen- en weerschriftje Simon op 6 juni 2003)

Fran was ook benieuwd naar wat er in haar omgeving te beleven viel, maar ze rustte ook graag uit. Het liefst zat ze veilig in haar relax. Ze hield niet van veel drukte. Wanneer er in de kribbe teveel kindjes rondom haar kwamen staan, begon ze te wenen. Ze was niet zo sociaal als haar broer. Simon lachte naar iedereen, zelfs naar wildvreemden. Op zo'n moment trilde Fran van de schrik.

Nu ze konden kruipen, was het nergens meer veilig in huis. We beveiligden de stopcontacten en algauw moesten we op alle laden en kasten babysloten zetten. Vooral Simon was niet te vertrouwen. De snelheid waarmee hij door het huis kroop! Het was een vinnig ventje. Aan het begin van de grote vakantie kon Simon al op zijn beentjes staan. Hij moest zich wel nog vasthouden. Wedden dat hij ook dat obstakel snel zou overwinnen? Ook Fran probeerde geregeld recht te staan, maar zij was begin juli niet echt in vorm. Ze was alweer geveld door een bronchitis.

'Als ze maar gezond zijn op hun eerste verjaardag,' dacht ik. Zestien augustus kwam stilaan dichterbij. Fran en Simon waren ondertussen al peuters. Nu zullen ze meer en meer aan mekaar hebben, veronderstelde ik. Ik zag ze in gedachten al vredig samen spelen als broer en zus. Niks daarvan! Het werden heuse concurrenten. Om de vijf minuten hadden ze ruzie. Meestal over speelgoed. Wanneer Fran aanstalten maakte om een autootje vast te grijpen, bleek dat ook Simon net op dat autootje zijn zinnen had gezet. Nam hij een knuffel vast, dan mocht je er zeker van zijn dat zij het binnen de kortste keren uit zijn handen zou trekken. Ook in de kribbe hadden Fran en Simon conflicten en met de andere peuters durfde het ook al eens te botsen. Simon liet zich meestal niet kennen. Wou hij een stuk speelgoed, dan pakte hij het gewoon af, zelfs als hij daarvoor een kindje moest trotseren dat een stuk groter was dan hij. En wou hij niet dat Fran door de speeltunnel kroop, dan ging hij er voor zitten. Voilà!

De tweeling kroop overal onderdoor en klauterde overal op. Dat ging niet zonder slag of stoot. Hadden ze geen blauwe plekken op hun benen, dan stootten ze met hun hoofd tegen een kast. Gelukkig bestond er een middel om al die pijn te verzachten. Het is een eeuwenoud recept, maar er bestaat niets beter dan moederzalf. Ik heb in mijn leven nog nooit zoveel kusjes gegeven. En was er dan geen buil of schram, dan kuste ik met moederzalf de tranen op hun wangen weg. Ook toen ze volop tandjes begonnen te krijgen, heb ik hen met moederzalf getroost, al bleek tegen die pijn geen enkel kruid gewassen.

Onze huiskamer was ondertussen omgetoverd tot een speelgoedparadijs. Je moest opletten dat je niet over het speelgoed struikelde. Overal stond het vol! Als we geluk hadden, vonden Erik en ik ook nog ergens een plaatsje om te gaan zitten. Tussen de knuffels en de bergen speelgoed. De meest lawaaierige speeltjes waren het leukst. Overal zaten muziekjes in die me na een tijdje gegarandeerd de kast op zouden jagen. Maar Fran en Simon waren dol op die deuntjes. En net daardoor bezondigde ik me ook wel eens aan zo'n aankoop. Vrienden en familieleden kwamen aanzetten met de mooiste cadeau's. Of het nu Sinterklaas, Kerstmis of Pasen was, er was altijd wel een reden om de tweeling te verwennen. Straks zouden ze hun eerste verjaardag vieren. Wedden dat Fran en Simon weer bedolven zouden worden onder het speelgoed?

Met een tweeling in huis mochten we ons meestal verwachten aan een dubbele lading. Ik zie mijn schoonzus nog altijd uit haar wagen stappen met een gigantische pluchen Samson onder de arm. 'Waar moeten we die in godsnaam zetten?', zei ik tegen Erik. Mijn woorden waren nog niet koud of ik zag mijn schoonbroer de straat oversteken met een grote vuilniszak. Zou het? Neen toch! Jawel, ze hadden twee van die kolossen mee. Fran en Simon vonden het fantastisch. Ze gingen erop zitten alsof het paarden waren. Hop Samson! Hop! Mijn salon werd voortaan bezet door twee pluchen honden. Ik ben nochtans een poezenmens.

Honden, eenden, muizen, poezen, konijnen, olifanten, beren en zelfs giraffen, we hadden ze op de duur in allerlei vormen en formaten. Toch schopte geen enkele van al die pluchen beesten het tot vaste slaapknuffel. Die eer viel te beurt aan de hoogstpersoonlijke slaapmobieltjes van Fran en Simon. Van de ene dag op de andere konden ze niet meer zonder. De mobiel van Fran had de vorm van een maan, Simon zeurde zich altijd in slaap op de tonen van zijn muzikale muis. Zelfs toen er al lang geen melodie meer uitkwam, bleven ze trouw aan 'maantje' en 'muisje'. Ondertussen hebben hun slaapknuffels hun beste tijd wel gehad. Ze ruiken ook niet meer bepaald fris, want we krijgen zelden de kans om ze te wassen. Maar

Fran en Simon houden van die geur. Ze zijn ermee vertrouwd. Ze herkennen maantje en muisje met hun ogen dicht.

Nog even en we konden de eerste verjaardag van de tweeling vieren. Het viel me op dat de nachten rustiger werden. Fran en Simon werden 's nachts niet meer zo vaak wakker, wellicht omdat ze overdag steeds minder sliepen. Vooral Simon sloeg zijn middagdut wel eens over. Dan had hij het rijk voor zich alleen. Ook in de kribbe durfde hij die truc uithalen. Hij ging braaf met alle anderen naar bed, maar maakte genoeg kabaal om ervoor te zorgen dat hij er binnen de kortste keren weer uit was. Terwijl alle vriendjes lagen te slapen, leefde Simon zich uit met de fietsen, de autootjes en al het andere speelgoed. Alle ruimte en alle aandacht voor hem alleen! Moest hij van de verzorgsters toch in zijn bedje blijven, dan vond hij wel iets om zich bezig te houden. De verf afknabbelen van de spijlen van zijn bedje bijvoorbeeld. En dan opstaan met een stralend blauwe glimlach. Daags nadien lag hij al in een ander bed, eentje zonder verf.

Gelukkig was Fran een minder hevig kind. Daardoor moest ze geregeld het onderspit delven. Maar nu ze wat ouder was, begon ze meer van zich af te bijten. Letterlijk. Het was haar manier om zich te verweren. Dat bijten konden we haar gelukkig snel afleren. Dan maar slaan, moet Fran gedacht hebben. Met een stuk speelgoed in de hand maak je trouwens nog meer indruk. Slaan, duwen, aan de haren trekken. Ze konden er allebei wat van. Het was op zich allemaal vrij onschuldig, al moesten we er altijd voor zorgen dat er geen ongelukken gebeurden. Zelfs met een eenvoudig blokje konden ze mekaar bezeren. Ik was voortaan ook scheidsrechter.

EXPEDITIE

16 augustus 2003. De eerste verjaardag van de tweeling. Ik mocht zelf ook een kaarsje uitblazen, want mijn eerste jaar als moeder zat erop. Het jaar was voorbij gevlogen en toch was er zoveel gebeurd. Ik had het gevoel dat ik een marathon achter de rug had. Een overlevingstocht. Helaas had ik het er niet zonder kleerscheuren vanaf gebracht. Maar kun je als moeder wel een foutloos parcours afleggen? Ik heb lang gedacht van wel. Toen ik zwanger was, maakte ik allerlei goede voornemens. Ik zou mijn stem nooit verheffen, hoezeer mijn kinderen me ook zouden uitdagen. Ik zou een moeder zijn met het geduld van een engel. Zo'n moeder uit de reclames, dat wou ik zijn. Je ziet ze in tijdschriften en op tv: het soort vrouwen dat er schijnbaar moeiteloos in slaagt alles te combineren: werk, huishouden, man en kinderen. Ze zijn minnares, echtgenote, moeder en carrièrevrouw tegelijk. Ze krijgen het perfect voor mekaar.

Na een jaartje praktijk wist ik wel beter. Geen enkele moeder krijgt alles 'perfect' voor mekaar. Elke moeder laat wel eens een steek vallen. Wie anders beweert, maakt zichzelf iets wijs. Ik had het voorbije jaar meer dan eens mijn geduld verloren. Als Simon voor de zoveelste keer kattenkwaad uithaalt, durf ik wel eens te roepen. Tegen beter weten in, want het haalt natuurlijk niets uit. Vijf minuten later heb ik er al spijt van. Maar het is soms sterker dan mezelf.

Op de eerste verjaardag van de tweeling had ik geen reden om me kwaad te maken. Er was genoeg afleiding. Ik was druk in de weer met iedereen te bedienen. Fran en Simon werden ondertussen overladen met cadeau's. Erik stalde alles uit op een grote tafel alsof het om een trouwfeest ging. Hij nam foto's van alles en iedereen. Het was de hele dag ontzettend druk. Misschien wel te druk voor twee peuters. Toen het moment was aangebroken om de taart aan te snijden, waren Fran en Simon al behoorlijk vermoeid. Ze hadden al helemaal geen zin meer om een verjaardagskroon op te zetten. Dat perfecte plaatje mochten we vergeten. De taart daarentegen zagen ze wel zitten. Vooral bij Fran ging dat allereerste stuk slagroomtaart er goed in. Haar sneeuwwitte jurk zal algauw helemaal onder de slagroom en chocolade. Een vorkje? Waarvoor hebben we dat nodig? Wij eten lekker met onze handen! 'Als ze zich maar amuseren,' dacht ik. Fran en Simon waren de sterren van de dag. Ze genoten van alle aandacht die ze kregen. Maar ze moesten die aandacht ook delen, want ze waren allebei jarig. Met twee. Zo zou het voortaan altijd zijn.

1 SEPTEMBER

Op 1 september 2003 ruilde ik mijn job van omroepster in voor de functie van persattaché op de Gentse universiteit. Het leven werd er niet bepaald makkelijker op. Als omroepster had ik een onregelmatig werkrooster, maar ik moest er niet elke dag vroeg uit. Vanaf nu ging ik wel dagelijks naar kantoor. Het was een hele organisatie om de tweeling (en mezelf!) op tijd klaar te krijgen. Een wekker had ik niet nodig. Ofwel huilden Fran en Simon me wakker, ofwel lagen ze al van 6 uur 's ochtends te roepen in hun bed. Daarna was het hollen! Luiers verversen, kindjes aankleden, boterham geven, wat melk in hun beker... Zelfs al verliep alles vlekkeloos – wat meestal niet het geval was – dan nog duurde het een eeuwigheid voor Fran en Simon vertrekkensklaar waren. En dan moest ik me nog klaarmaken. Wat benijd ik de mannen! Zij weten tenminste wat ze 's morgens moeten aantrekken. Een man moet hoogstens nadenken over de kleur van zijn hemd of das. Maar de verscheurende keuzes waarvoor wij vrouwen 's morgens staan wanneer we onze kleerkast open trekken, maken mannen nooit mee. Of zijn er mannen die net als ik al eens vier paar nylonkousen hebben aangetrokken vóór er een paar tevoorschijn kwam zonder ladder? Om dan uiteindelijk te beslissen toch maar een broek aan te doen. Make-up is ook zo'n dilemma. Mag een vrouw de deur uit zonder make-up? Meestal had ik er gewoon de tijd niet voor. Ik vertrok altijd puur natuur, met in mijn tas het nodige materiaal om in 5 minuten mijn ogen, wangen en lippen wat bij te werken. Desnoods deed ik dat wel terwijl ik voor het rode licht stond. Op dat moment at ik meestal ook mijn eerste boterhammetje. Zeker toen Fran en Simon nog maar pas zelfstandig leerden eten, moest ik hen nog veel assisteren tijdens het ontbijt. Om zelf te eten was er geen tijd.

Naar de kribbe was het maar vijf minuutjes rijden. Maar zelfs in die korte tijd slaagde de tweeling er altijd in ontzettend veel kabaal en ruzie te maken. Op het moment dat ik de parking van de kribbe opreed, was ik al helemaal dolgedraaid. En dan moest het eeuwige gevecht met de autostoeltjes nog beginnen. Wat een gesleur! De tweeling woog al lang geen twee kilo meer. Gelukkig waren de verzorgsters er altijd snel bij om Fran en Simon van me over te nemen. Met de tweeling veilig in hun armen, kon ik met een gerust hart de deur achter me dicht trekken, om eindelijk naar mijn werk te vertrekken. In de auto was het plots een oase van rust.

Naar het einde van september toe waren we al in een zekere routine geraakt. Fran en Simon gingen naar de kribbe en af en toe mochten ze ook een dagje naar oma en opa. Ook ik was mijn nieuwe leven al wat meer gewoon. De stress die in het begin komt kijken bij een nieuwe job, was ondertussen verdwenen. De dagen gingen ontzettend snel vooruit. Ook met de tweeling ging het alsmaar sneller en beter. Het was alsof hun ontwikkeling in een stroomversnelling was geraakt. Op 24 september zette Simon zijn allereerste stapjes. Een week later waren afstanden van 2 tot 3 meter geen enkel probleem meer. Af en toe moest ik nog uitrukken voor een valpartij, maar al bij al ging het stappen redelijk goed. In oktober was Simon niet meer te stoppen. Enkele weken later stapte ook Fran alleen rond. Op dat moment had ze ook de zoveelste keelontsteking achter de rug.

Ook in hun tweede levensjaar bleven Fran en Simon niet gespaard van ziektes. Altijd was er wel een van de twee die medicatie moest krijgen. Trok je onze koelkast open, dan mocht je er bijna zeker van zijn dat er een doos antibiotica in stond. Fran en Simon kwamen de wintermaanden hoestend en snotterend door. Gelukkig bleef het in die periode bij keel- en amandelontstekingen en bronchitis. We stonden aan de vooravond van 2004.

GELUKKIG 2004!?

Oudjaar vierden we deze keer in het gezelschap van vrienden die ondertussen ook een baby hadden. Hun dochtertje was 4 maanden jonger dan Fran en Simon, maar ze moest niet onderdoen voor onze tweeling. Met drie peuters die het huis onveilig maakten was het de hele avond uitkijken. Niet aankomen! Neen, niet in je mondje steken! Bah, vies! We hadden ogen tekort. Dat peuterfeestje kon natuurlijk niet blijven duren. Toen ze eindelijk naar bed gingen, slaakte ik een zucht van opluchting. Het duurde geen minuut of Fran en Simon waren in dromenland. Hun jongere vriendinnetje zag het slapen minder goed zitten. Wat hadden we gedacht? Dat zij meteen haar oogjes dicht zou doen, terwijl ze in een reisbedje lag in een wildvreemde slaapkamer? Niks van! Toen de klok middernacht sloeg, waren bij ons in de living alle lichten al uit. Op tafel brandden nog een paar kaarsen. 'Gelukkig nieuwjaar!', fluisterden we mekaar toe. We moesten stil zijn. In het midden van de kamer stond een reisbedje met een slapende baby.

IKKE DOEN!

2004 werd het jaar van de zelfstandigheid. Vanaf nu wilden Fran en Simon alles zelf doen. Dat ze daartoe nog niet in staat waren, was voor hen bijzaak. Drinken ging al redelijk goed. Af en toe moest ik nog een plas melk opkuisen, zeker als Simon weer eens beslist had om te drinken zonder handen. Ze slaagden er stilaan ook in om zelf hun eten op te scheppen. Nu moest de lepel nog tot bij hun mond geraken. In het begin konden ze onze hulp goed gebruiken, maar zelfs als het fout ging, liet ik hen af en toe begaan. Enkel op die manier zouden ze het leren. Bij ons thuis kon je letterlijk van de grond eten. Er was keuze genoeg: biefstuk, patatjes, broodkorstjes... Aanvankelijk kon ik me daar vreselijk aan ergeren. Maar na een tijdje keek ik niet meer naar de ravage rond de tafel. Althans, niet zo lang de tweeling nog aan het eten was. Daarna zou ik wel een dweiltje gooien.

De sfeer zat er soms goed in aan tafel. Maar het was niet altijd aangenaam. Hoe ouder Fran en Simon werden, hoe koppiger! Ze lieten zich niet meer leiden door honger, maar door zin. Hadden ze geen zin om te eten? Dan zou ik er geen hap in krijgen. Ze persten gewoon hun lippen op mekaar. Was het daarom dat Erik in het weekend steeds meer hun lievelingskost begon klaar te maken? Appelmoes met kip. Fishsticks met tomaatjes. Of biefstuk met frietjes.

NIEUWE VRIENDEN

Begin maart verhuisde Simon naar het tweede leeftijdsgroepje in de kribbe, dat van 18 tot 36 maanden. Hij was eraan toe. De voorbije weken hadden we gemerkt dat hij zich niet meer genoeg kon uitleven. Je vond Simon overal: op stoelen, zelfs op kasten of in de speelgoedbak. Hij kroop overal op en baande zich onvermoeibaar een weg tussen de baby's die op de grond lagen te spelen. Hij was nooit roekeloos. Hij had gewoon teveel energie. Bij zijn nieuwe vriendjes zou hij die energie wel kwijt raken. Zus Fran ging niet mee. Zij had nog veel rust nodig en bovendien had ze nog nood aan de geborgenheid die je bij de kleinere kindjes vond. Met Simon in een ander groepje was ze eindelijk ook eens alleen. Geen dominante broer meer in de buurt. Fran bloeide helemaal open. Werd ze daardoor onstuimiger? Iets minder voorzichtig? Kon best. Toen ik Fran begin april ging ophalen in de kribbe zat haar rechtermiddenvinger in een zwachtel. Ze had die dag een ongevalletje gehad. Wellicht was er een stoel of een ander zwaar object op haar vinger gevallen. Het resultaat was een nogal pijnlijke pletwonde die in de spoed verzorgd moest worden. Na een paar dagen was de wonde gelukkig al bijna helemaal genezen en vergeten.

We genoten van de eerste zonnige dagen. Ideaal weer voor een daguitstap. Half april gingen we voor de eerste keer naar het dierenpark, maar helaas werd het niet zo'n groot succes. Simon zeurde de hele dag door. Hij wou niet in de buggy, maar hij wou er ook niet uit. Dan wou hij appelsap, maar na twee slokken dan toch weer niet. Fran was gelukkig wel in haar sas, maar met een broer die constant tekeer ging, was er ook voor haar weinig genieten aan. Ik betwijfel of Fran en Simon die dag veel dieren hebben gezien. Wat ik wel weet, is dat ik heel blij was toen we 's avonds weer thuis waren. Er hing iets in de lucht. Na een paar dagen was ook Fran ontzettend lastig. Ze kreeg koorts en op haar mond verschenen er blaasjes. 'Vreemd,' dacht ik, 'waarom onderzoekt de kinderarts haar handen terwijl ze blaasjes heeft op haar mond?' Mond- en klauwzeer. Fran had stomatitis. De 'muilplaag', weet je wel. Op de duur had Fran blaasjes in haar mond, op haar lippen en op haar kin. Ze stond vol. Het was geen mooi zicht en bovendien was het ontzettend pijnlijk. Een week lang kreeg Fran geen hap door haar keel. We moesten verschillende keren per dag cortisonezalf in haar mond smeren. Even stond ik op het punt haar naar de spoed te brengen – ze was al ontzettend vermagerd – maar net die dag keerde het tij. Fran begon stilaan weer te eten, al bleef het in het begin beperkt tot koude soep en melk. Naarmate de blaasjes begonnen te verminderen, begon ze ook weer boterhammetjes en patatjes te eten. Alles zou wel goedkomen, al duurde het even, maar na een tijdje was er ook op haar gezichtje geen blaas of vlek meer te bespeuren. Fran herstelde en startte de maand mei met een nieuwe vriendenkring. Ze nam afscheid van de 'Zonnetjes' en ook zij zette de grote stap naar de peuters en kleuters van de 'Sprankels'.

Hoewel ik het niet verwacht had, paste Fran zich makkelijk aan. Het leven bij de 'Sprankels' beviel haar. Ze maakte kennis met een aantal nieuwe gewoontes, maar die maakte ze zich snel eigen. Zo sliep ze voortaan enkel nog in de namiddag. Ze lag bovendien niet meer in een spijlenbedje, maar op een veldbedje. Alle peuters sliepen samen op een kamer. Behalve Simon. Hij sliep in een apart kamertje bestemd voor zieke kindjes. Nochtans was Simon niet ziek. Hij had een ander probleem: hij zong! Zodra Simon de klokken van de kerktoren hoorde luiden, was hij vertrokken. 'Broeder Jacob' was de absolute nummer een van zijn hitparade, maar zijn repertoire breidde razendsnel uit. Hij kon het zingen lang volhouden. Daardoor hield hij alle andere kindjes uit hun slaap. De verzorgsters besloten hem dan maar apart te leggen. Een luxe! Simon heeft niet alleen zijn privékamer, hij slaapt er in een echt spijlenbedje onder een zalig zacht dekentje. Broeder Simon. Dat er muziek zat in zijn kleine lijfje, hadden we al eerder kunnen vaststellen. Zodra Simon kon stappen, duurde het niet lang voor hij ontdekte dat je ook kon springen en dansen. Dat elke radio een volumeknop heeft, had hij ook snel door. Telkens opnieuw zette hij de muziek harder of stiller. Met zijn voetjes stampte hij op het ritme van de muziek. Of het nu de kabouterdans was of een liedje dat hij helemaal niet kende. Als hij maar kon bewegen.

Naast het slaapritueel hebben de peuters in de kribbe ook vaste eetgewoonten. 's Middags krijgen ze een warme maaltijd, rond half vier zit iedereen aan tafel voor een stuk fruit, een potje pudding, platte kaas of yoghurt en om half zes zijn er boterhammen. Dan zitten alle peuters rond de tafel en eten ze braaf hun boterhammetjes met kaas of vlees op. Als dessert krijgen ze meestal nog een boterham met confituur. Ze eten alles op. Ook de korstjes. Thuis moet ik daar niet op rekenen. Simon haalt het vlees of de kaas zelfs van tussen zijn boterham. De rest laat hij liggen. Als Fran dat ziet mag je er zeker van zijn dat ook zij binnen de kortste keren de kaas van tussen het brood haalt. Er blijft thuis soms wel wat meer liggen dan alleen maar korstjes.

De tweeling werd alsmaar zelfstandiger. Dat maakte het leven makkelijker én moeilijker. Vooral Fran was een dametje dat op vaste gewoontes was gesteld. We mochten niets verplaatsen op haar kamertje, anders wou ze niet slapen. Zetten we haar kamerlichtje op een andere kast, dan was ze in de war. Ze hechtte zich ook aan haar kleren. Zelfs haar schoenen waren heilig! Toen haar eerste paar te klein was geworden, ben ik van de ene winkel naar de andere gereden op zoek naar een identiek paar. Nochtans had ik mooie nieuwe schoenen voor haar gekocht. Weliswaar was het niet hetzelfde model. Jongens, was me dat een rel! Ik stak de nieuwe schoenen aan haar voeten, maar ze weigerde om erop te lopen. Wou ik haar toch op de grond zetten, dan begon ze te huilen. Ze wou die schoenen niet aan! En dus mocht mama op zoek gaan naar een ander paar, liefst hetzelfde als voordien. Misschien kon ik ze meteen in alle maten bestellen, merkte de verkoopster olijk op...

Die schoenen of een ander paar. De rode of de blauwe broek. De drinkbeker met Winnie the Pooh of die met Nijntje. Voortaan beslisten Fran en Simon voor zichzelf. Of het nu over de stoel ging waarop ze zouden gaan zitten of over het figuurtje op hun slabbetje, overal hadden Fran en Simon een eigen mening over. Ze wisten heel goed wat ze wilden. Daar moesten we voortaan rekening mee houden. Over het uur om naar bed te gaan werd niet gediscussieerd, al moesten Erik en ik uiteindelijk vaststellen dat Fran en Simon ook op dat vlak het laatste woord hadden. Zouden ze slapen vannacht? Ons lot lag volledig in hun handen. De voorbije maanden was het 's nachts rustig geweest, maar nu de dagen begonnen te lengen, werden onze nachten weer korter. Elke nacht was het prijs. De ene nacht werd Fran huilend wakker, de andere keer was het Simon, maar meestal schoten we de hoofdvogel af en moesten we eruit voor allebei. Ze werden zelden tegelijk wakker, wat het nog vermoeiender maakte. Meestal lag nummer één nog maar pas terug in bed, toen nummer twee besloot ons een uurtje bezig te houden. Het gebeurde nooit om elf uur 's avonds of 's morgens vroeg. Fran en Simon besloten meestal midden in de nacht dat het speeltijd was. Erik stond altijd als eerste op om ze te kalmeren. Ik geraakte gewoon niet uit mijn bed. Meestal hoorde ik ze zelfs niet huilen. Erik maakte me niet wakker. Hij was mijn garantie op een goede nachtrust, al kon hij ze niet altijd onder controle krijgen. Dan moest ook ik eruit. Enkel zo bestrijd je huilen in stereo. 'Ga er niet meteen naartoe,' adviseerden sommigen, 'laat ze maar eens tien minuten huilen.' Makkelijker gezegd dan gedaan, zeker in het geval van een tweeling. Werd Fran wakker, dan lag ze na tien minuten niet meer te huilen, maar te brullen. We konden niet anders dan ze meteen gaan troosten, anders zou ze haar broer wakker maken en dan was het pas echt kermis.

Ze konden al goed duidelijk maken wat ze wilden. Ook verbaal. De fase van de eenvoudige bravo's lag al een tijdje achter ons. Daar was ik niet rouwig om, want nu kon ik tenminste met hen communiceren. We konden nog niet echt een babbeltje slaan, maar Fran en Simon leken me beter te begrijpen. Het maakte het leven een stuk makkelijker. Het maakte mij een stuk rustiger.

De ontwikkeling van klanken en woorden vond ik iets wonderlijk. Toen Fran en Simon hun eerste woordjes begonnen te brabbelen waren ze nog geen jaar. Zeg eens 'mama'. 'Ma-ma'. Ik probeerde telkens weer een voorzet te geven, maar mama scoorde niet. Het allereerste woordje van Fran en Simon was ‘brabo’, dat na wat oefenen dan toch ‘bravo’ werd. Tja, we hebben ze van in het begin flink aangemoedigd in al hun exploten. Een applausje kon er altijd af. Uiteindelijk volgden ‘mama’, ‘papa’ en de rest van de familie. ‘Auto’, ‘bal’ en ‘poesje’ stonden ook hoog genoteerd in hun top tien van favoriete woorden. Rond dezelfde periode geraakten Fran en Simon gefascineerd door gezichten. Met grote ogen bestudeerden ze mijn gelaat. In het begin waren ze sprakeloos, maar algauw konden ze alles benoemen, mits wat hulp. ‘Waar is mama’s neus?’ Daar! Fran en Simon voelden en trokken aan alles wat ze maar vast konden grijpen in mijn gelaat.

Wat later ontdekten Fran en Simon dat alles wat ze aten ook een naam had. Ik kon geen thee meer inschenken of er riep er al eentje ‘citroen’. Nam ik de fruitpers uit de kast, dan stonden ze allebei al te springen om ‘appelsien’. De hele fruit- en groentemand passeerde de revue. Simons geliefkoosde woord en gerecht was ‘appelmoes’. Fran had het meer begrepen op desserten en droomde van ’s morgens tot ’s avonds hardop van ‘sjokolade’. Maar de grootste ontdekking dat jaar was ‘aa-bei!’.

Tegen de zomer hadden Fran en Simon al een uitgebreide woordenschat. Terwijl ze voordien amper omkeken naar hun prentenboeken, was het nu een sport om zoveel mogelijk afbeeldingen te herkennen en te benoemen. Daarvoor gebruikten ze hun prentenboeken, maar ook een tijdschrift of een reclamefolder konden hen op weg zetten voor een eindeloze opsomming. Een ‘saap’, een ‘ojfant’, een ‘fogel’… Ze geraakten er op de duur zeer bedreven in en verslonden het ene boek na het andere. Ik moest er altijd bij zitten, want dat mama het allemaal zo ‘flink’ vond, was natuurlijk de helft van het plezier. De manier waarop Fran en Simon sommige woorden uitspraken, was vertederend en hilarisch tegelijk. Het waren op de duur echte papegaaien. Ze zegden alles na, zelfs woorden die ze niet eens begrepen. Straks zou de vakantie beginnen, zei ik eind juni tegen Fran. ‘Fakansie’, antwoordde ze veelbetekenend. Het zou er een worden om nooit te vergeten.

Van in het begin liep het fout. Toen ik op 6 juli de tweeling ’s avonds ging oppikken in de kribbe, zag ik meteen dat er iets mis was. Het stond te lezen op de bezorgde gezichten van de kinderverzorgsters. Wat er precies aan de hand was, konden ze me niet vertellen, maar sinds ’s middags wou Simon niet meer op zijn benen staan. Nochtans was hij niet gevallen en had hij zich niet bezeerd. Was het dan komedie? Probeerde Simon op die manier gewoon aandacht te krijgen? Ook dat was niet het geval. Simon had duidelijk pijn telkens hij op zijn rechtervoetje probeerde te staan. Aan het voetje was echter niets te zien, behalve een klein, onschuldig wondje dat eerder leek op een muggenbeet die hij had opengekrabd. Niets wees erop dat er iets ernstigs aan de hand was. Toch bleef Simon weigeren om op zijn rechterbeen te steunen of te stappen. De hele avond kwam hij de zetel niet uit. Toen ik even later nog eens naar zijn voetje keek, was het al rood en gezwollen. Het voelde ook warmer aan dan zijn linkervoet. Er zat niets anders op dan diezelfde avond nog met Simon naar de spoed te gaan. Daar werden we niet meteen veel wijzer. De dokters stonden voor een raadsel. Dat er iets niet klopte, stond echter vast en dus werd Simon opgenomen in het ziekenhuis. De volgende dag werd er een botscan gemaakt, maar die bracht niet meteen klaarheid. Met zijn heup, benen en zelfs zijn voeten, bleek alles in orde. In theorie. Want in de praktijk dachten de dokters er anders over. Zij waren er ondertussen van overtuigd dat Simon een botinfectie had of osteomyelitis in zijn rechtervoet. Weliswaar hadden ze daarvan nog geen bevestiging, maar het leek hen het best meteen een behandeling met antibiotica te starten, zeker toen Simon ook nog koorts begon te krijgen. Toen de magnetische resonantiescan de diagnose uiteindelijk bevestigde, lag Simon al aan een infuus. 'Hoe was Simon in godsnaam aan een botinfectie geraakt?,' vroeg ik me af. Toch niet door dat kleine wondje aan zijn voet? Kon best, lieten de dokters weten. Maar zelfs zonder wonde kunnen kleine kinderen zo'n infectie opdoen. We hadden gewoon pech.

Simon moest zes weken antibiotica krijgen, gelukkig niet allemaal via een infuus. In het ziekenhuis moest hij slechts een week blijven. Gelukkig maar, want het was niet makkelijk om hem bezig te houden. Uitgerekend hij die anders barstte van de energie, geraakte niet uit de voeten. Voorlopig kon hij enkel vanuit zijn buggy toekijken naar wat rondom hem gebeurde. En veel is dat niet in zo'n ziekenhuis. De hele dag reed ik toertjes met Simon, van de ene kant van de gang naar de andere kant. Poes, hondje, visje, paardje... Aan elke kamer hing een bordje met de afbeelding van een dier. Na een paar dagen kende ik de volgorde vanbuiten. Simon vermoedelijk ook. Hij raakte het beu en hij begon te zeuren. Video's van 'Tik Tak' of 'Dribbel' konden hem niet afleiden. Tegen de avond nam Erik het van me over. Dan kon ik naar huis, al was het niet om uit te blazen, want ik moest telkens nog Fran gaan oppikken in de kribbe. Ook zij had recht op haar portie aandacht.

Midden juli hadden we nog vijf weken antibiotica te gaan. Maar wat kon het ons schelen: Simon was gelukkig weer thuis. Alhoewel, gelukkig? De antibiotica die hij moest nemen, smaakte zo slecht dat we het goedje in zijn mond moesten spuiten. Daarna meteen mond dicht knijpen en slikken maar, Simon! Het was telkens zo'n drama dat Erik en ik er verschrikkelijk tegenop zagen. Moesten we dit echt nog weken volhouden? Gelukkig had mijn moeder een lumineus idee. Zij had Simon de afgelopen keer beloond met smarties. In elke hand kreeg hij een snoepje. Op voorwaarde dat hij eerst zijn 'medicijntje' nam. Dat was de afspraak. Het werkte wonderwel. Simon trok nog altijd een vies gezicht wanneer hij zijn antibiotica moest slikken, maar hij hield zich kranig. Dadelijk zou hij een snoepje krijgen, wat de bittere pil verzachtte en de slechte smaak ook enigszins neutraliseerde. Die zomer was het een ritueel. Simon zegde het al voor: 'Eerst medicijntje, dan snoepje!'

Eind juli namen mijn ouders het even van ons over. Erik en ik trokken een weekje naar het zuiden van Frankrijk op vakantie. Zonder de kinderen. Daar hadden we niet lang over getwijfeld. Zo'n lange autorit zou voor twee peuters niet echt comfortabel zijn. We konden ons de taferelen zo al voorstellen langs de hete Autoroute du Soleil. De warmte, de drukte, de files. Daaraan zouden de kinderen niet veel plezier beleven. Bovendien waren we in Frankrijk uitgenodigd voor een driedaags trouwfeest. Niet meteen iets waar je twee peuters mee naartoe neemt. En dus vertrokken Erik en ik alleen. We waren nog maar een paar uur onderweg of ik hing al aan de telefoon met mijn moeder. Hoe ging het met de tweeling? Hadden Fran en Simon gemerkt dat we vertrokken waren? Waren ze verdrietig? Neen, natuurlijk niet. Ik had het kunnen weten. Bij oma en opa logeren is altijd een feest. Het was deze keer niet anders. Binnen de kortste keren hadden Fran en Simon samen met opa hun eigen camping gebouwd in de tuin. Er stond een tentje, een parasol, een tuintafeltje met daarop een fleurig tafelkleedje en twee stoelen. De tweeling was er niet weg te slaan. Het was hun eigen kleine paradijs waar volwassenen niet toegelaten waren, behalve als ze koekjes of ander lekkers meebrachten. Geen wonder dat de kinderen het naar hun zin hadden. Maar ook Erik en ik genoten van een weekje onder ons tweeën. Eindelijk konden we nog eens uitslapen, dat was een eeuwigheid geleden. We moesten met niemand rekening houden. Een hele week konden we doen waar wij zin in hadden. Meestal deden we gewoon niets, behalve wat rondhangen in de gezellige Franse dorpen, waar we na een half uur meestal belandden op een terras of op een bankje in de schaduw. Het was gewoon veel te warm om iets te ondernemen en ik was trouwens veel te moe. Ik kon de afgelopen twee jaar niet zomaar van me afschudden. Dat zou wel wat meer tijd vergen dan een paar dagen vakantie. Toch deed het deugd om er eens tussenuit te zijn, al had ik vooraf een aantal vreemde reacties gekregen op mijn vakantieplannen. 'Gaan jullie helemaal alleen weg, zonder de kinderen? Is dat wel verantwoord?' Alsof we Fran en Simon in de steek lieten! We gingen hen toch niet zomaar ergens dumpen. Bij mijn ouders waren ze in goede, zoniet de beste handen. Ik hoefde me niet schuldig te voelen, wat sommigen er ook van mochten denken. Als ik de afgelopen jaren iets had geleerd, dan was het dat wel. Dat ik weg was op vakantie, betekende niet dat ik Fran en Simon niet miste. Elke dag belde ik hen op. Meestal kreeg ik Fran als eerste aan de lijn. Zij begon altijd te giechelen als ze mijn stem hoorde. Simon was minder onder de indruk van mijn telefoontjes. Hij riep een paar keer hardop mijn naam en ging daarna meteen verder spelen. Hij had wel belangrijker dingen te doen dan babbelen met mama aan de telefoon. Het stelde me gerust, want aangezien hij nog niet helemaal hersteld was van zijn botinfectie, maakte ik me zorgen. Maar daar was blijkbaar geen enkele reden toe. Toch was een week lang genoeg. Naarmate het einde van de vakantie in zicht kwam, begon ik steeds meer te verlangen naar de kinderen. We hadden een fijne tijd gehad, maar nu was het weer tijd voor iets anders.

ESPRIT

6

Twee jaar met een tweeling

OPVOEDINGSIDEALEN

De verjaardag van de tweeling. Nog een paar weken en het was weer zover. Met wat geluk konden we er weer een tuinfeest van maken. Met ballonnen en vlaggetjes van Nijntje en haar vriendjes. Met een taart van Bob De Bouwer in marsepein. Met een vrolijk tafellaken van Winnie De Pooh... Ik kon me de blije gezichten van Fran en Simon al voorstellen als ze al hun favoriete figuurtjes zouden ontdekken op en rond de feesttafel. Ik was tegen beter weten in slachtoffer geworden van de commercie. Nochtans had ik gezworen dat ik er nooit aan zou toegeven. K3: no way! Ondertussen kennen Fran en Simon 'Oya Lele' al van buiten. Ik vind het eigenlijk zelf best een leuk liedje. De magie van Disney, daar zou ik ook voor bedanken. Mijn kinderen zouden niet het slachtoffer worden van de hele merchandising rond Mickey Mouse en compagnie. Maar ook dat heb ik niet lang volgehouden. Fran en Simon waren amper een jaar, toen ze allebei rondliepen in een Disneyfleece, de een met Mickey Mouse erop, de ander met Winnie De Pooh. Televisie kijken, dat moest kunnen, vond ik. Maar hoogstens een uurtje. Bovendien zouden ze zeker niet 's morgens vroeg voor de buis zitten. Eerlijk gezegd, ik ben blij als ze 's morgens een kwartiertje naar Ketnet kijken of naar de film van Ome Willem op Nederland 3. Kan ik tenminste even rustig een boterham eten. Ondertussen zijn Nijntje, Bob De Bouwer en Musti kind aan huis geworden en dansen Simon en Fran de kabouterdans... samen met mij.

De voorbije twee jaar had ik niet enkel de kinderen opgevoed. Dankzij hen was ik zelf ook wat wijzer geworden. De hoge eisen die ik in het begin aan mezelf had gesteld, moest ik uiteindelijk loslaten. Op die manier werd het leven opnieuw wat leefbaar. Deed ik dat niet, dan dreigde ik er alleen maar ongelukkig door te worden. Wat is trouwens een 'goede' opvoeding? Wie beweert te weten hoe je kinderen het best grootbrengt? Ik had ondertussen ondervonden dat opvoedingsidealen enkel bruikbaar zijn als je ze af en toe ook durft te laten varen. Het heeft geen zin je angstvallig vast te houden aan regels en principes. Je bewijst er jezelf en ook je kinderen geen dienst mee. Fran en Simon hadden me de voorbije twee jaar meer dan eens op de proef gesteld. Hoever mochten ze gaan vooraleer moeder uit haar vel zou springen? Telkens weer probeerden ze de grenzen af te tasten. Gingen ze uit de bocht, dan trad ik op. Streng maar rechtvaardig. Al liet ik me af en toe ook door hen charmeren. Heel bewust. Af en toe mochten ze ook wel eens winnen. Dan konden ze er weer even tegen, want er stonden ons nog enkele veldslagen te wachten. We hadden samen nog een lange weg te gaan.

Die zomer was Simon helemaal in de ban van water. Erik had in de tuin een groot opgeblazen kinderbad geïnstalleerd met daarin een glijbaan en een palmboom. We hadden het bad voor een prikje in de supermarkt gekocht. Het stond er nog maar net of Simon gleed al van de glijbaan het water in. Hij rolde op zijn rug en op zijn buik en klauterde van het ene speeltje naar het andere. Het was dolle pret! Simon ging zo onstuimig te keer, dat we hem geen minuut uit het oog mochten verliezen. Fran stond er wat beduusd bij en keek langs de kant toe naar het wilde waterspektakel. ‘Liever hij dan ik,’ dacht ze wellicht. Fran was geen waterrat. Dat verschil tussen haar en haar broer vertaalde zich ook in de badkamer. Ook daar was het vaak kermis. Terwijl Simon altijd stond te springen om in het water te gaan, wou Fran er meestal niet in. Kon ik haar uiteindelijk toch overtuigen om in bad te gaan, dan waren er meestal al veel kostbare minuten verloren gegaan. Ook in bad moest ik haar met de nodige voorzichtigheid behandelen. Wou ik haar haren wassen, dan moest ik ervoor zorgen dat er geen druppel water in haar ogen kwam. Onbegonnen werk natuurlijk, want terwijl ik het water over haar hoofdje goot, zat ze geen minuut stil. Gelukkig begon Fran na een tijdje toch wat te wennen aan het badritueel. Ze vond het op de duur zelfs plezierig, al had ze geen toeschouwers nodig. Samen met Simon in bad gaan, zag ze niet zitten. Daarvoor moest ik niet aandringen. Ik kon er best begrip voor opbrengen. In haar plaats had ik ook niet in bad gewild met zo'n wild waterkonijn. Want dat was hij. Simon plonsde hevig met zijn handjes in het water en als ik even niet oplette, gooide hij potjes met water in het rond. Wanneer hij de gieter vastgreep, keek hij me telkens dreigend aan. Ik wist wel wat hij van plan was. Deugnieterij! Wanneer het gedaan was met de pret en Simon eruit moest, lag er meer water naast dan in het bad.

De tweeling leerde bij. Af en toe mochten ze knutselen in de kribbe. Of ze maakten samen met de verzorgsters parelsnoeren om hun fijne motoriek te stimuleren. Al hield Simon meer van het grove werk, zoals schilderen of kleuren met wasco's. 'Niet schrikken als je vanavond rode brokjes vindt in Simons pamper,' zei zijn verzorgster me op een avond. Ik wist niet wat ik hoorde. Rode brokjes? Normaal hoort er in zijn pamper iets anders te zitten. Maar Simon was die dag niet alleen in een artistieke bui geweest. Wellicht was hij door al dat kleuren ook hongerig geworden en had hij een wasco opgegeten. Tot die ontdekking kwam de kinderverzorgster pas 's middags, toen ze hem wou verschonen. Zijn pamper was gekruid met rode brokjes. Toen ze de doos met wasco's ging nakijken, zag ze dat er een ontbrak. Een rode wasco.

Fietsen vonden Fran en Simon ook heerlijk. In de kribbe konden ze zich uitleven in de lange speelgang, thuis reden ze met hun trapfietsen toertjes rond de tafel. Dat maakte zoveel lawaai, dat Erik en ik amper nog met mekaar konden praten. Af en toe liet Simon zich opzettelijk vallen. Toe-ta-toe-ta! Dan kwam Fran naar hem toe gesneld en luisterde ze naar zijn buikje. Alles goed, Simon? De vele ziekenhuisopnames hadden hun sporen nagelaten. Alles deed trouwens dienst als doktersmateriaal, of het nu cimbalen waren of zelfs een trompet. Ze gingen om beurten op de grond of op hun plastieken tafeltje liggen en vervolgens luisterde de een naar het kloppende hartje van de ander. Dan veerden ze plots rechtop en proestten ze het uit van het lachen. Het ging er op de duur wild aan toe. Fran en Simon hadden de neiging mekaar aan te steken. 'Bouw een rustmoment in voor het slapengaan,' klinkt het advies van specialisten. Makkelijk gezegd. Net voor het slapengaan kwamen Fran en Simon vaak met de wildste spelletjes op de proppen. Of ze begonnen om half acht 's avonds als gekken te fietsen op hun trapfietsje. Ondertussen weet Fran dat ze haar fietsje 's avonds aan de deur moet laten staan. Al durft ze het soms nog te vergeten.

Fran mag dan wel een rustig meisje zijn, de schurkenstreken van Simon zijn aanstekelijk. Wanneer hij in de buurt is, valt ook met Fran vaak geen land meer te bezeilen. Fran en Simon begonnen elkaar steeds meer te imiteren. Dat kon soms behoorlijk vermoeiend zijn, zeker aan tafel. Ging Simon recht staan op zijn stoel, dan veerde ook Fran direct recht. Wou hij niet drinken, dan duwde ook zij haar beker weg. Begon hij te gooien met erwten, dan fonkelden haar oogjes om hetzelfde te doen, ook al wist ik dat ze de erwtjes liever op at. Fran is dol op erwtjes. Imiteerden ze mekaar niet, dan vulden Fran en Simon mekaar perfect aan. Vooral wanneer het plots stil werd in huis, mocht ik er zeker van zijn dat ze iets aan het uitspoken waren. Het waren perfecte partners in de misdaad. Wou Simon naar video's kijken, dan klauterde hij op de schouw om de videocassettes er af te halen. Ondertussen stond zij naast de schouw om de cassettes telkens aan te nemen en ze op tafel te leggen. Op een ander stil moment in huis, hoorde ik Simon plots vanuit de leefkamer vol verwondering 'Ooh! Beebie!' roepen. Hij had een foto van de kast gehaald. Van zichzelf nota bene, al herkende hij zich niet meteen in de tengere baby op de foto.

Fran en Simon imiteerden niet alleen mekaar, ook Erik en ik waren voor hen een bron van inspiratie. Ze deden ons constant na. 'Mag niet, hé,' zei Simon met een wijzend vingertje in de lucht. Alsof hij me een spiegel voorhield. Stonden we aan te schuiven in de file, dan weerklonk het vanop de achterbank: 'allez, allez!'. Tja, waar haalde hij dat vandaan? Ik moest erg op mijn woorden letten. Alles kon tegen me gebruikt worden. Als het me soms teveel werd, durfde ik wel eens vloeken. Ook die slechte gewoonte nam Simon snel van me over. 'Oh shit,' zei hij als er iets niet lukte. Was hij echt kwaad, dan had het eerder iets weg van 'Oh domme!'. Wanneer Simon zo'n uitbarsting had, keek Erik me meestal bedenkelijk aan. Ik zweeg. Gelukkig leerden ze die slechte gewoonten even snel weer af. Nam niet weg dat ze alles bleven nazeggen. Ze waren er ook heel fier op. 'Kof-fie' zei Simon apetrots wanneer ik mijn zoveelste kop inschonk. Haalde ik een boterham boven, dan maakte hij meteen duidelijk dat daar choco op gesmeerd moest worden. Fran had het meer voor confituur. Alles wat op tafel kwam, werd meteen benoemd. Overal waar we kwamen werd alles en iedereen begroet. Dag eendje, dag ezeltje, dag koetje... Het bezoek aan de kinderboerderij bij ons in de buurt werd snel een traditie, net als het bolletje ijs dat Fran en Simon op het einde van het bezoek kregen. We waren nog niet eens bij de laatste stal aangekomen als Fran al fluisterde: 'ijsje eten'. Dat bolletje huisgemaakt bosbessenyoghurtijs ging er altijd vlot in.

In die periode gingen Fran en Simon ook al geregeld naar de kapper. Ik nam ze er nooit tegelijk mee naartoe. Dat bleek een goed idee, want ze moesten toch wel wennen aan al dat geknip. In het begin verliep Simons eerste kappersbeurt nog redelijk goed. Hij keek vol belangstelling toe hoe de kapster zijn haren natmaakte en knipte. Maar dan haalde ze plots de haardroger tevoorschijn. Alsof Simon een monster zag, begon zijn lip plots te trillen en een paar seconden later barstte Simon in tranen uit. Er was geen houden meer aan. Hij wou weg uit die stoel. En wel nu meteen! Toen Fran kort daarna voor de eerste keer in de kappersstoel belandde, ging het al niet veel beter. Nochtans was ook zij aanvankelijk heel erg opgezet met de leuke stoel waarin ze mocht zitten. Het leek wel een autootje! Maar het lachen verging haar snel toen ze de schaar zag. Ik probeerde haar nog te sussen met een koekje, eentje met chocolade zelfs, maar Fran bleef maar snikken. Ze vond het vreselijk. Tussen haar tranen door nam ze af en toe nog een hapje van haar koekje, dat ondertussen al half gesmolten was in haar hand. Na afloop zat ze helemaal onder de haren en de chocolade. Ze zag er mooi uit.

Nu Fran en Simon wat ouder waren, kwamen Erik en ik opnieuw meer buiten. Het was gedaan met ons kluizenaarsbestaan. We namen de tweeling zelfs geregeld mee wanneer we bij vrienden op bezoek gingen, al verliep het niet altijd even rimpelloos. Toen we op een namiddag uitgenodigd waren in het nieuwe huis van een bevriend koppel, besloot de tweeling om meteen ook de vering van hun nieuwe zetels uit te testen. Fran en Simon sprongen van de ene zetel op de andere. Van het ene kussen ploften ze neer op het andere. We grepen met zijn allen naar ons drinkglas dat niet langer veilig stond. Niets was veilig in een huis waar Fran en Simon op losgelaten werden. De tweeling was door het dolle heen. Ik kon ze amper in bedwang houden. Meestal kon ik me nog troosten met de gedachte dat mensen met kinderen dit wel kunnen begrijpen. Maar deze vrienden hadden geen kinderen! Ik schaamde me dood. Toen we rond een uur of zes afscheid namen, was ik uitgeput. Wedden dat ook onze gastvrouw en gastheer meteen onderuit gezakt zijn in hun zetel?

Een ander feestje bleek uiteindelijk ook niet de ideale omgeving om een tweejarige tweeling mee naartoe te nemen. Het zag er aanvankelijk nochtans goed uit: een lekker weertje, de hele vriendenkring samen voor een hapje, wat babbelen, een duik in het zwembad. Een droomscenario, op voorwaarde dat je je twee peuters thuis laat. Maar Erik en ik wilden ons niet laten kennen en dus namen we de tweeling mee naar het tuinfeest. En of Fran en Simon het er naar hun zin hadden! Ze amuseerden zich te pletter en liepen met hun grijpgrage en vuile handjes rakelings voorbij schilderijen, beeldhouwwerken en glazen vazen, van het ene dure meubelstuk klauterden ze op het andere. Buiten hadden we de handen vol om ervoor te zorgen dat ze niet in het zwembad sukkelden. Binnen waren we gedoemd de wacht te houden bij alles wat blonk en kon breken. De kinderen beleefden de namiddag van hun leven. Wij waren vastberaden dat ook te doen, een volgende keer met de kinderen thuis bij de babysit.

Ons hectische leven was nog niet voorbij. Vooral de ontbijten verliepen soms zo chaotisch dat ik er af en toe een ontregelde maag aan overhield. Wat wil je? Voor de tafel gedekt was, de kinderen aan tafel zaten en ze elk een boterham en een beker warme melk hadden, was er al een half uur voorbij. Stonden ze erop om hun brood zelf te smeren, dan duurde het vaak dubbel zolang. Dan hadden we nog niet eens koffie gezet voor ons zelf! Vooral wanneer ik 's ochtends snel weg moest, kon het behoorlijk stresserend zijn. Simon had een ochtendhumeur en dus duurde het meestal even voor hij echt wakker was. Helaas had ik geen tijd om te wachten.

'Toe, drink nu toch wat melk,' smeekte ik op de duur. Maar hoe meer ik aandrong, hoe minder Simon geneigd was zijn beker vast te nemen. Pas als hij zag dat ik zijn jas van de kapstok nam, greep hij naar zijn beker: 'Ikke melkje drinken!'

In de auto was het meestal ook circus. Ik zag er ontzettend tegenop om lange afstanden te rijden met de tweeling. Het begon al bij het vertrek. Had Simon geen zin om mee te komen, dan was het een gevecht om hem in zijn autostoel vast te zetten. Hij bood flink wat weerwerk en spande zich helemaal op tot hij zo stijf was als een plank. Voor rede was hij niet vatbaar. Ook tijdens de autorit spaarde de tweeling me niet. We waren nog maar vertrokken, of ze begonnen al te roepen tegen mekaar. 'Mijn mama!'. 'Neen, mijn mama!'. Het ging crescendo. Dan begonnen ze ook nog te schoppen en te trekken aan mekaars kleren. Je kunt je niet voorstellen wat een kind allemaal kan doen vanuit zo'n autostoel. Het eindigde meestal met huilen. Gelukkig hadden ze 'maantje' en 'muisje' vast. Zelf was ik daar minder gelukkig mee, want na een paar minuten lieten ze hun knuffels al vallen en begon voor mij een blinde zoektocht achter en onder mijn zetel. Met één hand aan het stuur. Een tweeling in de auto is nog gevaarlijker dan bellen met de gsm. Maar ik moest die knuffels te pakken krijgen, anders zouden ze blijven zeuren. Tussendoor probeerde ik ze met een hand te sussen, maar voor ik het wist grepen ze me vast, niet van plan snel los te laten. Met een kind dat mijn duim vasthield en een ander dat trok aan mijn pink, werd ik in stukken verdeeld.

Het moederschap was af en toe een helse rit, maar we beleefden ook veel hemelse momenten met de tweeling. Fran en Simon konden me ontroeren zoals niemand anders. Soms waren ze ontzettend lief. Dan gaven ze mekaar zoentjes als twee kleine popjes, met tuitende lipjes en de handjes op de rug. Eindelijk ontdekten ze dat ze ook veel samen konden doen. 'Kom, Piom!', riep Fran, terwijl ze Simon meetrok naar een volgend speeltje. 'Piom' werd op de duur 'Sinom' en uiteindelijk kwamen ook de medeklinkers op de juiste plaats te staan. Even vertederend was het wanneer Simon luid naar zijn zusje riep: 'Flam!'. Scheen de zon, dan wilden ze naar buiten. De ene keer zaten ze samen op de peuterglijbaan, al was Simon soms iets te snel en dan botste het wel eens. Nog plezieriger vonden ze het om te spelen in de twee kleine tenten die Erik in onze tuin had gezet. Langs een lange buis kon je van de ene tent naar de andere kruipen. Dat hoefden we Fran en Simon niet eens te tonen. Ze doken meteen de buis in. Als wilde indianen zaten ze achter mekaar aan, kraaiend van genot. Kregen ze toch ruzie, dan waren Erik en ik in de buurt om de gemoederen te bedaren. Met een kusje en een knuffel was het meestal snel opgelost.

'Vriendjes?' 'Ja, vriendjes!'. Fran en Simon gaven ons en elkaar ontzettend veel liefde. Simon was een wildebras, maar tegelijk was hij een echte knuffelbeer. Ook Fran kon heel erg genieten van een moment alleen bij mama op schoot. Zelf was ze trouwens ook heel moederlijk. Ze legde haar popjes allemaal naast mekaar op de zetel en dekte ze een voor een onder met een zakdoek. Dan kregen ze allemaal een zoentje. 'Slaapwel!' Nochtans hebben Erik en ik het rollenpatroon op geen enkele manier aangemoedigd. Bij onze tweeling zat het er gewoon in.

De tweeling was altijd in de weer. Vooral Fran was helemaal open gebloeid. De angst die ze vroeger had voor mensen die ze niet kende, was helemaal verdwenen. Het was een sociaal kind geworden. Ook in de kribbe had ze het naar haar zin. Eindelijk kreeg ik 's avonds geen gezondheidsbulletins meer te lezen, maar gewoon het relaas van wat ze die dag allemaal had gedaan.

> 'Alles goed met Franneke, fijn gespeeld en mooi gezongen. Ze loopt hier de ganse dag te stralen, die meid! Goed gegeten en met de erwtjes gerold... hihi! In bedje liggen woelen van 12u tot 12.30u, daarna in slaap gezongen. Straks is er nog mokkapudding en dan buiten spelen!' (heen- en weerschriftje op 2 september 2004)

Ook Simon was eindelijk verlost van de medicatie, al kreeg hij begin september af te rekenen met een nieuw probleem. Diarree. We lieten tot drie maal toe een staal onderzoeken, maar er was niks abnormaal in zijn stoelgang te bespeuren. Mogelijk had zijn darmflora zwaar te lijden gehad onder de zes weken antibiotica, al was het niet zeker dat dat de diarree veroorzaakt had. Voor 'peuterdiarree' hebben de dokters geen verklaring. Zij noemen het soms 'chronisch teleurstellende diarree'. Je kunt er ook niets aan doen, al is het natuurlijk behoorlijk vervelend. Maar het kon zeker geen kwaad, verzekerde de darmspecialist me. 'Kijk niet naar wat in zijn pamper ligt, da's voor de vuilbak. Kijk vooral naar Simon zelf,' zei de specialist. Hij had gelijk. Simon at goed, hij dronk goed, hij groeide. Hij had alleen vreselijke diarree. Maar desondanks was hij ontzettend actief.

> 'Alles weer prima verlopen, hoor. Samen met zusje de boel op stelten gezet, want amai, wat waren we in "FORM!". 't Kriebelde overal tegelijk... dus genoten van de middagdut. Prima gegeten, poepje verzorgd met zalf, tot vrijdag!' (heen- en weerschriftje op 8 september 2004)

Peuterdiarree? 'Ik kan veel beter,' dacht Fran wellicht, al had ze zelf weinig inbreng in het verhaal waarin zij op 10 september de hoofdrol speelde. Die dag kwam ze in de kribbe ongelukkig ten val nadat ze geduwd werd door een vriendinnetje. Een onschuldig conflict tussen twee peuters met nare gevolgen. Fran was met haar linkeroog op de hoek van een plastieken speelgoedbak terechtgekomen. Daardoor had ze een wonde opgelopen ter hoogte van haar ooglid. Een kinderverzorgster was meteen met Fran naar de spoedafdeling van een ziekenhuis in de buurt gegaan. Daar hadden ze de wonde schoongemaakt en vervolgens geplakt. Alles leek in orde. Toen ik Fran 's avonds in de kribbe ging oppikken, liep ze er alweer vrolijk en opgeruimd bij. Einde goed, al goed. Tijdens het weekend begon haar oog echter steeds meer te zwellen. Zondagavond ging het helemaal mis. Fran kon amper nog kijken door haar linkeroog. Het was nog dikker geworden, het was etterig en ontstoken. Fran huilde van de pijn. We konden geen risico's nemen en dus ging ik met haar naar de spoed. Een 'periorbitale cellulitis' zei de kinderarts. Een 'peri...' wat? Ik had er nog nooit van gehoord en eerlijk gezegd associeer ik 'cellulitis' meestal niet met een ontstoken oog. Bleek dat Fran een infectie had rond haar oog. Wilden we voorkomen dat straks ook het oog zelf geïnfecteerd zou raken, dan moest ze meteen behandeld worden met antibiotica. Intraveneus. 'Daar gaan we weer,' dacht ik. Fran kreeg een infuus en werd naar de kinderafdeling gebracht. 'Oh, wat is ze veranderd!', zei een verpleegster. Met zo'n oog was dat het minste wat je kon zeggen.

Alles bij elkaar was Fran een makkelijke patiënt. Met een infuus in haar arm kon ze niet alles doen wat ze wilde, maar met zijn tweetjes amuseerden we ons best. We keken samen naar video's, we maakten wandelingetjes door de gang en we gingen geregeld naar de speelhoek. Meestal greep ze meteen naar de kleurdoos of ze nam de trapfiets en reed een toertje in de gang. Zelfs met één arm haalde Fran een behoorlijke snelheid. Telkens ze voorbij de keuken van de verpleegsters reed, riep ze hardop 'hallo!'. Naar de cafetaria gaan vond ze ook plezierig. Of we gingen een kijkje nemen in het winkeltje op de benedenverdieping. Wat was ze in de wolken toen ze een knuffel mocht uitkiezen! Zij en haar egel zijn sindsdien onafscheidelijk. Van de ziekenhuisclowns kreeg Fran leuke ballonnen. De eerste keer dat de clowns haar kamertje kwamen binnengewandeld, keek ze vreemd op. Ze vertrouwde het niet helemaal. Maar bij het tweede bezoek gierde ze van het lachen. Ondanks haar geïnfecteerde oogje, voelde Fran zich redelijk goed. Enkel wanneer mama haar 's middags eventjes verliet, had ze het moeilijk, maar meestal was ik al terug nog voor ze ontwaakte uit haar middagdut. Ondanks het goede humeur van Fran, begon ook deze ziekenhuisopname door te wegen. Gelukkig werd het infuus na vijf dagen verwijderd, al moest ze nog een tijdje antibiotica krijgen. Maar dat kon thuis ook met een siroop. En ja, ook zij kreeg een beloning, want dat was ze niet vergeten. Net als Simon herinnerde ze ons telkens aan de afspraak. 'Eerst medicijntje, dan een snoepje!'.

Fran was sneller genezen van haar ooginfectie dan Simon van zijn peuterdiarree. Maandenlang had hij er last van. Na verloop van tijd zagen zijn billetjes helemaal rood, ondanks de kilo's zalf die we erop smeerden. Niet echt een goed moment om de zindelijkheidstraining te beginnen, al kregen we de indruk dat de tweeling er stilaan aan toe was. Vooral Simon was bijzonder enthousiast om op het potje te gaan zitten. Dat allereerste plasje was voor hem een echte overwinning. Hij was zo trots dat we hem moesten tegenhouden of hij had met zijn potje een zegeronde in onze living gelopen. Na de pipi kwam de kaka, al gooide de peuterdiarree roet in het eten. Na enkele weken heb ik de zindelijkheidstraining dan maar voorlopig gestaakt. Kwestie dat het voor iedereen wat aangenaam bleef. Daardoor kreeg ook Fran nog wat respijt. Haar eerste pogingen om op het potje te gaan waren niet zo'n groot succes. Zij hield niet van veranderingen en dus stond ze niet te springen om plots met haar blote billetjes op zo'n vreemd ding te gaan zitten. Maar ze kreeg nog wat tijd om aan het idee te wennen. Ondertussen liet ik het potje gewoon staan. Het duurde niet lang of Fran zette er haar grote pluchen eend op. 'Pipi doen,' zei ze op een bevelende toon. De eend ging al op het potje. 'Nu Fran nog,' dacht ik.

REVOLUTIE

Ik stond te kijken van wat Fran en Simon ondertussen allemaal al konden. Het was bijna niet te geloven dat ze 2 jaar geleden nog zo'n hulpeloze baby's waren. Nu hadden ze mijn hulp helemaal niet meer nodig. Althans dat dachten ze, allebei. Alles wilden ze zelf doen. Ik moest niet proberen om Simon nog te helpen bij het eten. Wou ik een lepeltje rijst in zijn mond steken, dan draaide hij zijn hoofdje weg. Nadien schepte hij de rijst gewoon weer op en stak de lepel zelf in zijn mond. Ook Fran wou alles zelf doen. Zij vond het ook heel plezierig om haar broer te bedienen. Schonk ik in de keuken een beker melk uit voor Simon, dan wou zij die naar hem brengen. Ik liet het toe, ook al wist ik dat ze onderweg een spoor van melk zou achterlaten. Dat Fran zo gedienstig was, had Simon snel door. Hij maakte er gretig misbruik van. Vanop de zetel gooide hij zijn muisje op de grond waarop hij dramatisch riep 'muisje vallen!'. Op zo'n moment liet Fran meteen alles vallen om broers favoriete knuffel te gaan oprapen. Telkens opnieuw, want Simon hield van herhaling. De tweeling wou ook helpen met alles. Vergat ik om Simon op de knop van de microgolfoven te laten drukken, dan wou hij zijn warme melk niet drinken. 'Ikke knopje duwen!' Fran stond er altijd op om zelf het rietje in het doosje van haar appelsap te prikken. Hun mandarijntjes mocht ik pellen, maar de partjes haalden ze zelf uit mekaar. Kregen ze 's morgens een lepeltje vitamines, dan wilden ze de lepel zelf vasthouden. Eens Simon dat manoeuvre goed onder de knie had, wou hij ook nog eens zelf met de fles gieten. Die groeiende zelfstandigheid kon ik alleen maar toejuichen, al kon het soms behoorlijk contraproductief zijn. Vooral omdat ze mekaar voortdurend imiteerden. Daardoor kostte het altijd dubbel zoveel tijd. Toen Simon op een dag besloot dat hij zelf in zijn autostoel wou kruipen, duurde het geen minuut of Fran wrong zich ook uit haar stoel om er vervolgens op eigen houtje opnieuw in te kruipen. 'Ikke ook!' Hoe vaak heb ik haar dat niet horen zeggen!

Ook op taalgebied maakten we een echte revolutie mee. Elke dag boekte de tweeling vooruitgang. Lag Simon nog in zijn bedje, dan zei Fran 'Simon slaapt' om er de dag nadien 'Simon slaapt nog' van te maken. Hun zinnetjes werden alsmaar langer en verfijnder. Ze vingen steeds meer op en verrasten ons zelfs met woorden die we niet meteen uit een kindermond zouden verwachten. Of weet elke tweejarige wat 'sleutelbeenderen' zijn? 'Mama werken' was ook al een begrip, al kreeg het voor mij in het najaar van 2004 een andere inhoud. Toen nam mijn carrière een nieuwe wending en werd ik een van de gezichten van VIJFtv. Dankzij wat organisatie had dit op de tweeling gelukkig weinig impact. Bovendien kon ik rekenen op mijn ouders om af en toe in te springen. Fran en Simon waren er thuis. Mijn moeder, die een reputatie heeft op het gebied van speelgoed, kwam telkens met iets nieuws aanzetten. Hoewel, nieuw? Meestal had ze weer iets leuks gevonden op de een of andere kinderrommelmarkt. Of mijn vader repareerde een oud stuk speelgoed dat anders toch bij het vuilnis zou belanden. Oma's speelgoed kostte geen cent, maar het was legendarisch.

In november ontdekte de tweeling Sinterklaas. Hoewel Fran en Simon de man nog nooit in levende lijve hadden ontmoet, was hij in een mum van tijd een vertrouwd figuur bij ons thuis. Dat had veel te maken met de liedjes die gepaard gaan met de komst van de goedheilige man. Het werd een hoogtepunt in Simons muzikale carrière. Het begon eenvoudig met 'Sinterklaas kapoentje'. Simon zong het liedje luidkeels mee met de plaat die mijn moeder tijdens mijn kindertijd zo vaak had opgezet. Voor mij was het ondertussen pure nostalgie, voor Fran en Simon was het puur plezier. 'Klaasje horen!' De hele tijd vroeg Simon om de plaat op te zetten. Algauw kende hij ook 'Zie ginds komt de stoomboot' van buiten. Nu ja, hij herkende wel een paar woorden en voorts bootste hij de klanken na. Maar de melodie zat juist. Simon kreeg er niet genoeg van. Hij was danig onder de indruk van het hele gebeuren, dat hij Sinterklaasliedjes bleef zingen, ook toen het al bijna Kerstmis was. Dat Sinterklaas ondertussen al naar huis was, leek hij niet te snappen. De logica van volwassenen was niet aan hem besteed. Waarom zou hij die mooie liedjes niet het hele jaar door mogen zingen? Met alle verjaardagen en andere feestdagen is het toch het hele jaar pakjestijd! Simon was voorbestemd om zingend door het leven te gaan. Ook in de kribbe gaf hij van katoen. Wanneer ik 's avonds zijn heen- en weerschriftje open sloeg, kon ik meestal voorspellen wat er zou instaan. Hij deed niets anders dan zingen, de hele dag door. Gingen we naar de supermarkt, dan hoorde je ons tussen de winkelrekken al van ver aankomen. Luidkeels charmeerde hij iedereen met zijn gezangen. Werd iemand aan de kassa geroepen – 'ding dong' – dan duurde het geen seconde of Simon zong hardop 'Sesamstraat!'. Het was zijn muzikale logica.

In november probeerden we Fran en Simon opnieuw op hun potje te zetten. Simon was nog niet helemaal van zijn peuterdiarree verlost, maar de situatie in zijn pamper was voldoende verbeterd om opnieuw met zindelijkheidstraining te beginnen. De verzorgsters in de kribbe lieten hem geregeld zonder pamper rondlopen. Soms slaagde hij erin een hele namiddag droog te blijven. 'Wat in de kribbe lukt, moet thuis ook kunnen,' dacht ik. En dus liet ik Simon in het weekend ook zonder pamper rondlopen. Na een halve dag zat ik al door mijn voorraad slipjes heen. Telkens weer plaste hij in zijn broek. Thuis waren er natuurlijk geen vriendjes die het goede voorbeeld gaven. En van Fran zou hij het zeker niet leren. Zij had nog geen zin om op het potje te gaan. Maar ze was er wel altijd als de kippen bij om te kijken of broer het wel goed deed. Ook ik ging nooit meer alleen naar het toilet. Telkens kwam ze me achterna, met Simon in haar kielzog. Daar zaten we dan, met zijn drieën in het kleinste kamertje. Ik moest ze tegenhouden of ze scheurden al het toiletpapier van de rol. Verscheurend was ook het dilemma waar ik na afloop voor stond: wie mocht doorspoelen? Altijd maakte ik een van de twee ongelukkig. Het resultaat was een fikse rel en een kind dat niet meer uit het toilet wou komen.

We hadden nog niet alles meegemaakt met de tweeling. Meer dan eens zat ik met de handen in het haar. Fran en Simon waren onvoorspelbaar. Dat ook hun gezondheid het op de meest onverwachte momenten liet afweten, wist ik ondertussen wel. Daardoor was het moeilijk om plannen te maken. Of ik mocht er toch niet meer op rekenen. Mijn 31ste verjaardag zouden Erik en ik vieren aan de kust. We hadden een leuk dagje gepland: lekker uitwaaien aan het strand, een stevige wandeling, 's avonds een lekker hapje eten. Niets bijzonders, maar toch heel speciaal, want het zou een echt onderonsje worden. Zonder de tweeling. Uiteindelijk brachten we de dag samen door, met de tweeling. Uitgerekend op mijn verjaardag hadden Fran en Simon allebei koorts gekregen. De hele voormiddag bracht ik door in de wachtkamer van de dokter. In de namiddag bleven we met zijn vieren lekker thuis. Niet de meest opwindende verjaardag, maar ik was er niet echt treurig om. Ik had me ermee verzoend dat dit kon gebeuren. Wie maalt er trouwens om een verjaardag? We konden het ook op een andere dag vieren. Ondertussen hadden we wel weer twee zieke peuters thuis. Vooral Fran had het zwaar te pakken. De kinderarts raadde ons aan om haar opnieuw te laten puffen. 'Toch niet weer dat gedoe met die Kidspacer,' dacht ik. Maar tot onze verbazing vond Fran het plots fijn om te puffen. Alsof ze het een voorrecht vond – 'Neen, niet Simon. Ikke!' – stond ze te wachten bij de kast tot Erik de Kidspacer er uithaalde. Ook achteraf stond ze te wachten... op een snoepje.

Met alle koortstoestanden waren we bijna vergeten dat Sinterklaas eerstdaags zou langskomen. Op 5 december gaf ik Fran en Simon 's avonds elk een wortel om klaar te leggen in hun laarsje. 'Voor het paardje van de Sint', legde ik uit. Niet dat Fran en Simon er veel van begrepen. Zij liepen rond met hun wortels alsof het zwaarden waren. Ze hadden dan wel de mond vol van Sinterklaas, maar wisten zij veel wie die man precies was of wat hij deed. Wellicht voelden ze dat er iets op til was. Dat het feest gepaard zou gaan met cadeautjes, hadden ze ook door. Maar meer wisten ze niet, daarvoor waren ze nog te jong. Was het trouwens niet vooral mama die het hele Sinterklaasgebeuren zo leuk vond? Was zij het niet die per se de intocht van Sinterklaas op video wou opnemen? Ik geef het toe. Nog voor Fran en Simon geboren waren, keek ik er al naar uit. Pasen, Kerstmis, Sinterklaas, het waren feesten waar ik zelf als kind zo van genoten had. Eindelijk zou het weer zover zijn. Maar voor de tweeling was het, indien niet te vroeg, dan wel veel te druk. De ene dag kregen ze cadeautjes op het Sinterklaasfeestje op het werk, de volgende dag ontdekten ze wat de Sint had gebracht bij oma en opa, om nog maar te zwijgen van al het speelgoed dat ze thuis bij het ontbijt hadden aangetroffen. Het was veel te veel in korte tijd. Pas toen de Sinterklaasdrukte voorbij was, kon de tweeling echt genieten van al het moois en lekkers.

Nu Sinterklaas weer naar Spanje was, konden we de kerstboom zetten. Ook dat maakte de tweeling voor het eerst bewust mee. 'Zouden we niet beter wachten tot ze in bed zijn?', vroeg Erik. Maar geïnspireerd door de romantische sfeer van kerst wou ik het per se samen doen. We konden Fran en Simon toch een paar kleinere kerstballen of popjes in de boom laten hangen. De rest van de versiering moest dan maar wachten tot later op de avond, als de kust weer veilig was. Want tot ze in bed lagen, was er inderdaad geen beginnen aan. Zodra ik de eerste dozen met kerstversiering openmaakte (als ze dat al niet zelf hadden gedaan!), waren ze door het dolle heen. Fran draaide alle slingers rond haar hals en liep rondjes door de living. Simon greep naar alle kerstballen tegelijk. Het duurde niet lang of ik hoorde er een paar sneuvelen. Ook de kerstlichtjes fonkelden in hun ogen. Terwijl Fran met een kerstster naar de keuken liep, ging Simon met een engel aan de haal. Ondertussen probeerde Erik om de dozen weer te sluiten. 'Of ik nog betere ideeën had', klonk het ironisch. De kerstversiering belandde uiteindelijk weer in de gang, buiten het bereik van de kinderen. Zij zouden de kerstboom wel kunnen bewonderen eens alles er veilig in hing.

Kerstavond brachten we door in familiekring. Mijn moeder had een uitgebreid feestmaal klaargemaakt, maar Fran en Simon hadden vooral interesse voor het aperitief. Hun oog viel op een schaaltje met olijven. Ten aanval! Met een prikker plukten ze de olijven er één voor één uit. Of het nu zwarte waren of groene, Fran en Simon vonden ze allemaal even lekker. Toen het voorgerecht verscheen, kon er niks meer bij. Zelfs geen olijfje. Maar eten was het verst van hun gedachten, want om de haverklap kregen ze cadeautjes. Op de duur ging het niet meer om de inhoud, maar om het pure plezier van pakjes te krijgen. Het was een sport geworden om er zoveel mogelijk open te maken. Simon geneerde zich niet om zich ook over die van Fran te ontfermen. Niet te verbazen dat hij die avond rond een uur of negen al helemaal uitgeput was. Hij zat erbij alsof hij in trance was. Fran, die haar energie beter doseert over de hele dag, zat er nog fris en monter bij. Het was feest en dus mocht ze wat langer opblijven. Wellicht zou de tweeling wat langer slapen. Dat hoopten we tenminste voor oma en opa, bij wie Fran en Simon die nacht logeerden. Mama en papa kregen op kerstochtend vrijaf.

Op oudejaarsavond was het notenslag bij ons thuis. Ik had er geen graten in gezien om een schaaltje met nootjes op tafel te zetten toen we samen met mijn schoonzus en -broer het aperitief namen. Maar Fran en Simon lieten ook deze kans niet liggen om zich van hun beste kant te laten zien. Na vijf minuten lag het salon vol nootjes. Daarna begon Fran de aperitiefkaasjes te stapelen en te rangschikken alsof het blokjes waren. Ik durfde niemand nog iets aan te bieden, behalve een glas dat liefst zo snel mogelijk op een veilige hoogte werd gezet. Toen Fran en Simon eindelijk wat gekalmeerd waren en ze rustig in bed lagen, kregen we pas zicht op de ravage. Het hele salon lag vol kapot getrapte nootjes en kaasjes, vlekken fruitsap en speelgoed. 'In vijf minuten tijd krijg ik dit nooit opgeruimd,' dacht ik. 'Laat de boel de boel,' herinnerde ik me de woorden van de vroedvrouw. Dat deed ik die avond. We zouden toch aan tafel gaan zitten. Het waren zorgen voor het volgende jaar.

Begin 2005 raakte Simon verlost van zijn peuterdiarree, maar niet van zijn hevige temperament. Soms kon hij ontzettend tekeer gaan. Ook tegen mij. De ene keer was hij poeslief en verleidde hij me met zijn grote blauwe ogen. Even later was hij ondeugend, zelfs stout. Voor Simon was het nooit luid genoeg. Nooit hoog genoeg. En nooit gevaarlijk genoeg. Op een dag bouwde hij zijn eigen troon toen hij zijn zeteltje op de sofa zette. Van daar uit keek hij op ons neer. Koning Simon. Het was het begin van zijn fascinatie voor torens. Wanneer hij de kans kreeg, ging hij aan de slag met de blokken. Hoe hoger de toren, hoe liever Simon het had. Dat zo'n toren ook wel eens instort, vond Simon minder leuk. Dan werd hij ontzettend boos en begon hij te gillen. Ook wanneer ik hem een koekje weigerde of wanneer hij uit bad moest, ging hij brullen. 'Uw kind kan zich licht kwaad maken wanneer het zijn zin niet krijgt,' las ik in een boek. Licht kwaadmaken? Simon? Licht? Iets verderop stond te lezen dat naar bed gaan geen straf is. Maar wat hoorde ik mezelf zeggen? 'Als je niet braaf bent, ga je straks vroeg naar bed!'. Door Simons driftbuitjes verloor ik soms elke redelijkheid.

Het rustige karakter van Fran was een verademing, al begon ook zij steeds meer streken te krijgen. Toen ik de tweeling op een dag hoorde giechelen in de living, ging ik niet meteen kijken. 'Fijn,' dacht ik, 'ze spelen samen.' Even later keek ik toch om het hoekje, om vast te stellen dat de sofa helemaal onder de potgrond lag. En niet alleen de sofa. Ook de vloer en alles eromheen zag zwart. De ficus stond er maar treurig bij. Fran en Simon waren nog in volle actie. Ze gooiden de potgrond in de lucht en proestten het uit van het lachen. Ze waren zich van geen kwaad bewust, tot ze de blik op mijn gezicht zagen. 'Simon stout,' zei Fran heel snel, al kon ze haar mededaderschap niet wegstoppen. Haar haren, haar gezicht, haar trui, zelfs haar pamper: alles zat onder de potgrond.

Was ik er eventjes niet, dan stond het huis binnen de kortste keren op stelten. Behalve als ik een video opzette. Vooral Simon was gefascineerd door tekenfilms. Maandenlang moest ik de avonturen van Dribbel voor hem opzetten. Winnie De Pooh was zijn allergrootste vriend, 'de meest verre tocht van Pooh' zijn favoriete verhaal. Tot hij 'De Leeuwekoning' ontdekte. Vanaf dan was het allemaal 'Hakuna Matata' wat de klok sloeg. Op de duur kende hij de tekenfilm vanbuiten. Hij kon woordelijk voorspellen wat er zou gebeuren. Was Simba in gevaar, dan riep hij 'voorzichtig Simba!', alsof het leeuwtje hem kon horen. Hij keek ernaar vol verwondering en reageerde telkens heel verrast, alsof hij verhaal voor de eerste keer zag. Ondertussen had hij er al veel te veel naar gekeken. Maar het gaf hem en ook mij even de kans om uit te blazen. Ik zorgde er trouwens voor dat we evenveel andere activiteiten deden of buiten speelden. Vooral Fran, die niet zo geïnteresseerd was in tv, was er altijd op uit iets leuks te doen. Terwijl het aanvankelijk Simon was die Fran stimuleerde, nam zij nu de voortrekkersrol. Telkens riep ze Simon om mee te spelen en ze gaf niet snel op. De voordelen van het tweeling zijn.

7

Dubbel geluk

HOOP DOET LEVEN

Ze zijn zo gelijk en toch zo verschillend. Hij is onbezonnen, zij doordacht. Simon is een echte losbol, Fran profileert zich eerder als een denkertje. Sta ik op het punt de deur uit te gaan, dan heeft zij dat al door nog voor ik mijn jas heb aangetrokken. Simon ziet meestal niet eens dat ik mijn jas aanheb. Hij is altijd bezig. Fran staat stil bij de dingen. Ze heeft ook een goed geheugen. Komen we voorbij een huis waar een poes ligt te slapen op de vensterbank, dan vestigt ze daar maanden later opnieuw de aandacht op, zelfs al is er geen poes meer te bespeuren. 'Poesje slaapt,' zegt ze. Zelfs ik moest de eerste keer diep nadenken voor ik door had waarover ze het had. Ze is ook heel zelfbewust en ze heeft duidelijke ideeën over waar ze naartoe wil. Zeg ik haar dat ze mee mag om boodschappen te doen, dan draait ze zich prompt om naar Simon met de boodschap 'Ikke winkelen. Simon hier blijven!'. Doe dit, doe dat. Leg dit hier, leg dat daar. Ik sta er nog altijd van te kijken hoe gedecideerd ze soms kan zijn. Af en toe kan ze behoorlijk bazig zijn.

Maar het is vooral een echt dametje geworden. Ik merk het aan de manier waarop ze belang hecht aan haar kleren. Terwijl Fran en Simon vroeger dezelfde rompertjes deelden, haalt zij er nu perfect het meisjesondergoed tussenuit. Ze staat erop om het hemdje aan te doen met de roze muisjes en niet dat met de blauwe streepjes. Gelijk heeft ze. Dat ik geen identieke tweeling had, wist ik van in het begin. Dat Fran en Simon heel verschillend zijn, heb ik in de loop van de voorbije jaren ondervonden. Van in het begin heb ik ze altijd verschillend gekleed. Toen ze nog baby's waren, gebeurde het wel dat ze afwisselend hetzelfde kruippakje aanhadden. Maar eens ze door het leven stapten als fiere peuters, hadden ze hun eigen T-shirts, broeken en truien. Ik ga ook specifiek op zoek naar kleren die goed samengaan met het donkere uiterlijk van Fran en haar frivole persoonlijkheid. Voor Simon pik ik er altijd de stoere jongenskleren uit die perfect passen bij zijn blonde haar en blauwe ogen. Het levert telkens twee heel uiteenlopende garderobes op.

Hoewel de survival van de eerste twee jaar achter de rug is, blijft het leven met de tweeling bijzonder druk. Nochtans klonken de voorspellingen in het begin helemaal anders. 'Het zal wel beteren eens ze zes maanden zijn,' stelden vrienden en kennissen me gerust kort na de geboorte van de tweeling. 'Wacht maar tot ze een jaar zijn, dan ben je er helemaal door,' kreeg ik te horen toen er na zes maanden nog geen beterschap was. 'Hoop doet leven,' dachten sommigen wellicht. Maar toen op de eerste verjaardag van de tweeling het zweet nog altijd op mijn voorhoofd stond, waagde niemand zich meer aan een voorspelling. Behalve die ene tweelingmoeder, die me met beide voeten op de grond zette. Volgens haar zou het pas makkelijker worden wanneer Fran en Simon naar de kleuterklas gingen. Maar ook dan zou het nog een paar jaar duren voor ik eindelijk opgelucht kon ademhalen, klonk haar nuchtere kijk op de werkelijkheid.

Ondertussen nemen de prettige momenten alsmaar toe. 'Handje geven,' riep Fran op een dag in de auto. Ik ging meteen in de verdediging en legde uit dat mama haar handen nu echt aan het stuur moest houden. Het was niet mijn hand die ze wou vasthouden, maar die van Simon. Vanuit de achteruitkijkspiegel volgde ik het vertederende tafereel. Simon reikte zijn hand naar haar uit. De hele rit lieten ze mekaar niet los. Toen we uitstapten, vroeg ik Simon me een hand te geven. 'Neen,' zei hij, 'handje Fran!'. We zijn op de goede weg. Ook vanuit de kribbe bereiken me positieve berichten. Over hoe ze het altijd voor mekaar opnemen. Of hoe ze fijn samenspelen. Ze doen ook niets liever dan zoentjes geven. Of ze verrassen Erik en mij vanonder tafel, brullend als een leeuw.

Paardje spelen vinden ze ook heerlijk, al schep ik er minder plezier in wanneer ze alle twee om beurten op mijn been willen zitten. 'Hop paardje hop!' Al dat paardensporten heeft ervoor gezorgd dat ik ondertussen over een stel flink geoefende beenspieren beschik. Ook mijn armen zijn goed getraind. Nochtans leg ik de tweeling telkens met handen en voeten uit dat ze te zwaar zijn om tegelijk opgepakt te worden. Maar ze houden pas op met zeuren als ze allebei op mijn arm zitten. De keuze tussen een pijnlijke rug en een pijnlijk hoofd is meestal snel gemaakt. Boodschappen doen blijft een hele uitdaging. Wil ik toch een en ander kwijt kunnen in mijn winkelkar, dan kan ik er maar eentje meenemen. Tenzij Erik meekomt. Dan rijden we elk met een kar en een kind in karavaan door de supermarkt. Toch ga ik graag af en toe met een van de twee alleen op stap. Fran bijvoorbeeld, vind het bijzonder gezellig om op zondagmorgen samen met mij te voet naar de bakker te gaan. Tijdens die korte wandeling zwijgt ze meestal geen minuut. Ze brengt uitgebreid verslag uit van alle indrukken die ze onderweg opdoet. Ondertussen krijgt ze mijn onverdeelde aandacht. Ook met Simon trek ik er af en toe alleen op uit. Dan gaan we spelen op het speelplein of mag hij met me mee naar de winkelstraat. Onderweg blijft Simon staan bij elke etalage, hij kijkt in elk rioolputje en klautert op elke dorpel om eraf te springen. Tijdverlies, maar dan mag het. Het is ons dagje uit.

Af en toe probeer ik ook afspraken met hen te maken. Dan mogen ze bijvoorbeeld naar 'De Leeuwekoning' kijken, op voorwaarde dat ze eerst hun blokken opruimen. Of ze krijgen nog wat melk nadat ze eerst hun pyjama hebben aangetrokken. Helaas lukt dat niet altijd. Moeten ze een verse broek aan, dan heb ik meestal al een paar keer tot drie geteld eer ze op het verzorgingskussen liggen. Sinds kort weet ik dat ze het leuk vinden om er zelf op te kruipen. Ze klimmen via de stoel op tafel en ploffen zich er fier op neer. Mij goed, alle trucs zijn goed om ze in beweging te krijgen, als ze uiteindelijk maar op dat kussen liggen. Vindingrijk zal ik in de toekomst trouwens nog meer moeten zijn. Creativiteit loont. Zeker bij een tweeling.

De afgelopen maanden heb ik al een aantal babyspulletjes van Fran en Simon bijeengezocht en op zolder gezet. Of weggegeven. Alles moet weg. Het babyhoofdstuk is voor mij afgesloten. Maar niet voor enkele van mijn vriendinnen, die opnieuw zwanger zijn. Zij zetten straks weer een mensje op de wereld. Ik leef met hen mee wanneer ze het relaas doen van hun zwangerschapskwaaltjes en het leven dat ze voelen in hun buik. Heel veel mensen benijden me om mijn tweeling, maar ik vraag me soms af hoe het is om zwanger te zijn van één kindje. Hoe zou ik me voelen met één kindje in mijn buik? Zou ik dan minder misselijk zijn tijdens de zwangerschap? Zou die emotionele band er sneller zijn? Zou de baby minder ziek zijn? Het zijn vragen waarop ik nooit een antwoord zal krijgen. Erg vind ik dat niet. Ik ben me wel bewust van mijn geluk. Mijn dubbele geluk.